KB268174

통곡이 끝나고 비로소 웃다

통곡이 끝나고 비로소 웃다

지은이 | 이승희
초판 발행 | 2018년 7월 12일
등록번호 | 제 1988-000080호
등록된 곳 | 서울특별시 용산구 서빙고로65길 38 두란노빌딩
발행처 | 사단법인 두란노서원
영업부 | 2078-3352   FAX 080-749-3705
출판부 | 2078-3331

책 값은 뒤표지에 있습니다.
ISBN 978-89-531-3196-5   03230

독자의 의견을 기다립니다.
tpress@duranno.com   http://www.Duranno.com

두란노서원은 바울 사도가 3차 전도여행 때 에베소에서 성령 받은 제자들을 따로 세워 하나님의 말씀으로 양육하던 장소입니다. 사도행전 19장 8-20절의 정신에 따라 첫째 목회자를 돕는 사역과 평신도를 훈련시키는 사역, 둘째 세계선교(TIM)와 문서선교(단행본·잡지) 사역, 셋째 예수문화 및 경배와 찬양 사역, 그리고 가정·상담 사역 등을 감당하고 있습니다. 1980년 12월 22일에 창립된 두란노서원은 주님 오실 때까지 이 사역들을 계속할 것입니다.

통곡이 끝나고 비로소 웃다

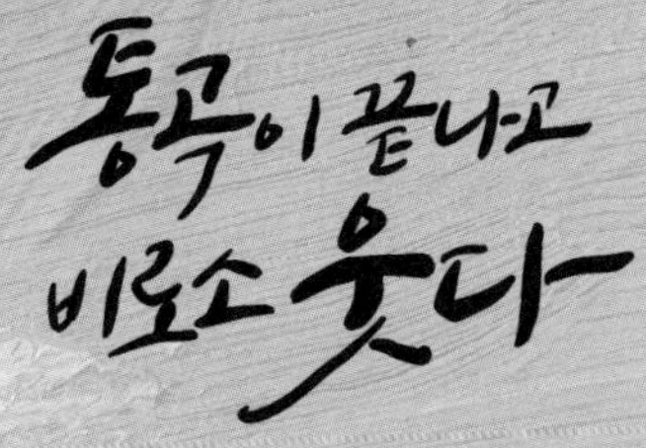

이승희 지음

두란노

통곡이 끝나고
비로소 웃다

룻기는 사사시대를 살았던 두 여인의 이야기입니다. 기쁨을 상실한 여인이 누군가에 의해 잃어버린 기쁨을 되찾아 가는 내용입니다. 남편과 두 아들을 잃고 슬픔(마라)의 인생으로 떨어진 나오미가 룻이라는 모압 여인과 친족 보아스의 도움으로 다시 기쁨(나오미)이 되는 과정을 그리고 있습니다.

평화로웠던 가정에 기근이라는 불청객이 찾아왔습니다. 그들은 흉년을 피하여 모압으로 내려갔습니다. 그러나 그곳이 절망과 통곡의 현장이 되리라고는 상상도 못했습니다. 나오미가 마라가 되어 버렸습니다. 절망 속에서 눈물과 통곡으로 날을 지새우던 나오미, 그런 나오미에게 어느 날 한 줄기 희망의 빛이 보이기 시작했습니다. 자기 백성들에게 베푸신 하나님의 은혜를 보았습니다. 나오미는 며느리 룻과 함께 고향인 베들레헴으로 돌아옵니다.

유다 베들레헴은 나오미와 룻에게 하나님의 자비를 경험하게 하는 땅이 되었습니다. 보아스라는 기업 무를 자를 통해 무너졌던 가문이 다시 회복되었습니다. 통곡하는 인생이 하나님의 날개 아래에서 다시 웃게 되었습니다. 마라(슬픔)가 나오미(기쁨)가 된 것입니다.

나오미와 룻의 이야기는 우리의 인생 스토리입니다. 또한 우리의 신앙 이야기입니다. 우리도 삶 속에서 예기치 못한 인생의 흉년을 만날 수 있습니다. 때로 신앙의 연약함 때문에 절망의 자리로 떨어질 수도 있습니다. 말로 표현할 수 없는 고통이 찾아오기도 합니다. 삶의 무게에 웃음짓던 지난 날의 기억이 아득합니다. 그런데도 침묵으로 일관하시는 하나님으로 인해 마음이 상합니다. 절망으로 인해 자신도 모르게 낙심이 밀려옵니다. 애가(哀歌)를 지어 부른 적이 한두 번이 아닙니다.

우리도 애가(哀歌)를 지어 부른 적이 한두 번이 아닙니다. 삶의 무게에 웃음 짓던 지난 날의 기억이 아득합니다. 그런데도 침묵으로 일관하시는 하나님으로 인해 마음이 상합니다. 절망으로 인해 자신도 모르게 낙심이 밀려옵니다.

룻기는 이런 성도들에게 필요한 책입니다. 룻기는 절망에서 희망을 꿈꾸게 합니다. 비록 현재는 애가를 부르고 있지만 룻기를 읽으면 소망의 가사를 한 소절 한 소절 첨가하게 됩니다. 나오미와 룻에게 보아스라는 조력자가 있었다면 지금 나에겐 인생 최대의 위로자요 조력자인 예수 그리스도가 있음을 고백하게 됩니다.

인생이 절망적입니까? 그래서 통곡하고 있습니까?

나오미를 보십시오. 이방 여인 룻을 기억하십시오. 하나
님은 결코 우리 인생을 절망으로 끝나게 하지 않습니다.
절망이 희망이 되게 하십니다. 통곡이 끝나고 마침내 웃
게 하십니다.

스스로 나오미요, 룻이라고 생각한다면 이제 룻기
의 하나님을 만나 보십시오. 그리고 하나님을 다시 붙드
십시오. 당신은 지금까지 절망 속에서 웃지 못하였으나
이제는 기쁨의 주인공이 될 것입니다.

절망하지 마라(מָרָא)
곧 기쁨(נָעֳמִי 나오미)이 될 것이다.

기쁨과 축복이 넘치는 공동체 반야월교회

이승희 목사

Part 1

마라:
인생의 흉년

1

흉년을 만나다

룻 1: 1-2

　　　　　　　　　　유명한 흑인 배우 덴젤 워싱턴(Denzel Washington)은 2015년, 딜라드대학교의 졸업 연설에서 사회 초년생인 후배들에게 인생의 선배로서 귀중한 교훈 몇 가지를 말하였습니다. 첫째는 "하나님을 붙들라"(Put God First), 둘째는 "실패를 두려워하지 말라"(Fail Big), 셋째는 "의미 있는 인생을 살라"(You'll Never See a U-Haul Behind a Hearse), 넷째는 "기도하라"(Pray)입니다.

　　그가 후배들에게 이러한 교훈을 준 이유는 세상이 그렇게 호락호락하지 않기 때문입니다. 인생을 산다는 것은 치열한 전쟁터에 있는 것과 같기 때문입니다. 마치 나약한 병사가 미사일과 포탄이 날아드는 전쟁터에서 소총 한 정을 가지고 있는 것과 같습니다. 언제 어떤 일이 일어날지 아무도 모릅니다. 예상치 못한 일들을 만나기도 합니다. 죽음의 위기에 직면하기도 하고, 다치기도 합니다. 때로는 살기 위해 누군가를 짓밟고 서야 할 때도 있습니다. 내가 원하는 대로 살 수 없는 것이 인생입니다.

하나님은 이런 전쟁터와 같은 치열한 세상으로 우리를 보내십니다. 성도들도 관계의 어려움을 겪습니다. 때로는 자녀들의 학업과 진로 문제를 두고 깊이 고민하고, 건강의 적신호로 낙심하기도 하며, 경제공황으로 인해 빈곤을 경험하기도 합니다. 돈을 많이 벌 것만 같던 일, 내 힘으로 충분히 해 낼 것만 같던 일이 잘 되지 않아 부도를 맞기도 합니다. 그러나 성도가 경험하는 이 모든 실패와 좌절은 하나님의 최종 목표가 절대 아닙니다. 하나님이 바라며 고대하시는 바는 우리가 어떤 상황에서도 믿음으로 사는 정병(精兵)이 되는 것입니다.

하나님이 한 인물을 하나님의 사람으로 세우시고자 택한 방법이 바로 흉년입니다. 우리는 룻기를 통해 나오미의 가정이 어떻게 신앙의 연단과 훈련을 받아 믿음의 가정으로 서게 되는지 확인할 수 있습니다.

나오미는 세상을 사는 나 자신이요, 우리가 속한 가정이며, 공동체입니다. 나오미의 실패와 성공은 모두 훈련 과정에서 우리를 강하게 하시는 하나님의 능력입니다.

사사시대에 불어닥친 흉년

—— 룻 1:1

사사들이 치리하던 때에 그 땅에 흉년이 드니라

룻기는 사사시대를 배경으로 하고 있습니다. 사사시대는 이스라엘의 신앙적 암흑기입니다. 이스라엘 백성들이 하나님을 향한 신앙보다 자신의 판단을 더 중요하게 여기던 시대였습니다.

—— 삿 17:6

그때에는 이스라엘에 왕이 없었으므로 사람마다 자기 소견(בְּעֵינָיו 뻬에나이우; in his own eyes)에 옳은 대로 행하였더라

사사시대는 왕이 없는 시대, 곧 리더십이 부재한 시대였습니다. 백성들은 자기 소견, 육신의 눈에 보이는 대로 판단하고, 육의 욕망에 이끌려 살았습니다. 단적인

예를 엘리멜렉과 나오미 가정에서 찾을 수 있습니다.

신앙의 가장인 엘리멜렉(אֱלִימֶלֶךְ 여호와는 나의 왕 =מֶלֶךְ 멜렉; 왕+אֵל 엘; 하나님)과 그의 아내 나오미(נָעֳמִי←נָעֵם 나엠; 즐겁다, 기쁘다)는 왕 되신 하나님을 주인 삼고 살아야 하는 사람들입니다. 그들의 이름처럼 하나님이 가정의 왕이 되시고, 그로 인해 기쁨과 즐거움을 누려야 합니다. 엘리멜렉과 나오미의 가정은 하나님을 모시고 사는 가정이 누릴 기쁨과 평안을 보여 주는 모델이어야 합니다. 고난과 시험이 다가와도 하나님을 향한 삶의 방향을 고수해야 했습니다. 그런데 이들은 기쁨과 평안의 모델이 되기는커녕 오히려 사사시대를 대변하게 되었습니다.

―― 룻 1:1

사사들이 치리하던 때에 그 땅에 흉년이 드니라 유다 베들레헴에 한 사람이 그의 아내와 두 아들을 데리고 모압 지방에 가서 거류하였는데

하나님은 룻기를 통해 신앙의 사람들이 걸어가야

흉년을 만나다(룻 1: 1-2)

할 신앙의 발걸음이 어떠해야 하는지 말씀하고 있습니다. 비록 사사시대를 살고 있었고, 설상가상(雪上加霜)으로 흉년을 만나 기쁨이 상실될 수밖에 없는 상황이었지만, 하나님은 성도의 가정이 그런 환경에서도 왕되신 하나님으로 인해(엘리멜렉) 기쁨(나오미)을 맛보며 살기를 원하셨습니다. 사사시대에서 신정시대를 사는 신앙의 가정을 보고자 하셨습니다. 그러나 엘리멜렉과 나오미는 사사시대를 답습하며 살았습니다.

흉년을 피하여 모압(아브라함의 조카 롯이 큰딸에게서 낳은 아들, 육의 방식의 산물)으로 삶의 터전을 옮겨 갔습니다. 흉년이 얼마나 극심하면 모압으로 내려갔을까라는 생각도 들지만, 모압은 하나님의 방법이 아닌 사람의 방법을 동원하여 사는 삶을 대표합니다. 엘리멜렉의 가정은 극심한 흉년에 신앙적인 방식으로 대처하기보다 육의 연약함을 따랐습니다. 이것이 바로 사사시대를 사는 대부분의 사람들의 모습입니다.

신앙인은 시대의 흐름을 대변하는 사람이 아닙니다. 시대의 변화에 잘 적응하는 사람도 아닙니다. 시대 속에

깨어 하나님의 역사를 그려 내는 사람입니다.

6 그러므로 우리는 다른 이들과 같이 자지 말고 오직 깨어 정신을 차릴지라 **7** 자는 자들은 밤에 자고 취하는 자들은 밤에 취하되 **8** 우리는 낮에 속하였으니 정신을 차리고 믿음과 사랑의 호심경을 붙이고 구원의 소망의 투구를 쓰자

빵이 없는 베들레헴

사사들이 치리하던 때에 그 땅에 흉년이 드니라 유다 베들레헴에

엘리멜렉과 나오미가 거주하는 지역은 유다 베들레헴입니다. 베들레헴(בֵּית לֶחֶם 베이트 레헴; 빵집=לֶחֶם 레헴; 빵

+בֵּית 베이트; 집)은 빵집(떡집)이라는 뜻으로, 먹을 것이 있고, 양식이 제공되는 곳입니다. 그런데 빵집에 빵이 떨어졌습니다. 흉년으로 인해 빵을 만들 재료가 없습니다. 빵을 굽는 냄새 대신에 죽음의 냄새가 도시 전역을 뒤덮었습니다. 배부름과 풍족함으로 인해 흥얼대는 노랫소리는 사라지고 굶주림의 울부짖음이 곳곳에서 들려왔습니다. 평안과 안식을 누려야 할 베들레헴이 고통의 장소가 되어 버렸습니다. 누구도 예상하지 못한 일이었습니다.

사사시대와 유다 베들레헴, 이스라엘 백성들, 흉년, 이 모든 것이 참으로 아이러니한 조합을 이루고 있습니다. 하나님에 의해 다스려지고 하나님을 섬기며 살아야 하는 이스라엘 민족이 하나님보다 스스로를 더 숭배하며 살고 있습니다. 양식이 풍족해야 하는 베들레헴이 때아닌 흉년이 불어닥쳐 고통과 죽음의 땅이 되어 버렸습니다. 설상가상(雪上加霜)의 이중고(二重苦)를 겪게 된 것입니다.

롯기의 저자는 시대적으로, 장소적으로 유다 베들레헴을 오늘날 우리의 상황을 그대로 반영하는 매개체로 사용하고 있습니다.

우리는 잘 정립된 정치제도 아래 살고 있지만, 실상
은 자기의 소견대로 살고 있습니다. 육을 만족시키는 세
상의 문화와 음식은 풍족하나 성도의 심령을 채워 줄 양
식은 부족한 영적 흉년이 든 상태입니다. 일종의 신(新)
사사시대를 살고 있는 것입니다.

—— **암 8:11**

주 여호와의 말씀이니라 보라 날이 이를지라 내가 기
근을 땅에 보내리니 양식이 없어 주림이 아니며 물이
없어 갈함이 아니요 여호와의 말씀을 듣지 못한 기갈
이라

육적 풍요로움 가운데 영적 기갈을 경험하고 있습
니다. 끊임없는 목마름이 찾아옵니다. 아무리 채우고, 마
시고, 소유해도 만족할 수 없습니다. 신앙인은 육의 만
족으로 사는 사람들이 아니기 때문입니다. 영혼의 양식
으로 우리의 배고픔과 목마름이 채워져야 만족할 수 있
습니다.

　　　　　　　　　　　흉년을 만나다(룻 1: 1-2)

빵이 없는 베들레헴에 오신 예수

—— 미 5:2

베들레헴 에브라다야 너는 유다 족속 중에 작을지라도
이스라엘을 다스릴 자가 네게서 내게로 나올 것이라
그의 근본은 상고에, 영원에 있느니라

—— 요 6:35, 48

35 예수께서 이르시되 나는 생명의 떡이니 내게 오는
자는 결코 주리지 아니할 터이요 나를 믿는 자는 영원
히 목마르지 아니하리라 48 내가 곧 생명의 떡이니라

예수님은 베들레헴에서 태어나셨습니다. 빵집이지
만 빵이 없는 베들레헴에 오셨습니다. 생명의 빵으로 오
셨습니다.

우리는 지금 유다(말씀: 신정정치가 이루어져야 할 곳, 현
실: 자기의 소견대로 사는 곳) 베들레헴(말씀: 양식 있는 곳, 현실:
굶주림과 흉년의 땅)에 살고 있습니다. 이중고, 삼중고를 겪

으며 살고 있습니다.

그러나 그곳은 유다 베들레헴입니다. 현실을 넘어 신앙의 눈으로 보면 그곳엔 생명의 떡이 있습니다. 하나님의 통치와 은혜가 부어지는 장소입니다. 아무리 극심한 흉년이 찾아온다고 해도 신앙인은 빵집에서 흉년을 이기며 살아야 합니다. 하나님을 의지하고, 찾고, 구하며 머물러 있어야 합니다. 영적인 양식으로 육의 배고픔을 이기며 사는 사람이 베들레헴에 거주하는 하나님의 백성입니다.

빵이 없는 유다 베들레헴에 살고 있습니까? 이제는 영의 양식이 제공해 주는 능력으로 살 때입니다. 기근을 만났을 때 더 신앙으로 사십시오. 육의 기근을 이길 비결은 오직 영적 배부름밖에 없습니다. 영의 양식을 매일 먹는 사람은 극심한 기근을 이길 것입니다.

　　　　흉년을 만나다(룻 1: 1-2)

묵상하기

나는 하나님을 중심으로 모시는 신정시대를 살고 있습니까? 아니면 내 소견에 옳은대로 사는 사사시대를 살고 있습니까?

나는 어떤 부분에서 엘리멜렉과 나오미처럼 하나님을 향한 신앙보다 내 판단을 더 중요하게 여긴다고 생각합니까?

2

잘못된 선택

룻 1: 1-5

＝   프랑스의 철학자 장 폴 사르트르(Jean Paul Sartre)는 인생은 선택의 연속(Life is C(hoice) between B(irth) and D(eath))이라고 했습니다. 매일 선택의 연속이 인생을 만들어 내고 있습니다. 무엇을 선택하느냐에 따라 하루의 삶이 결정되며, 매일매일의 선택이 궁극적으로 한 개인의 삶을 평가하게 만듭니다. 그래서 한순간의 선택이 중요하며, 그 선택은 곧 인생을 좌우하게 됩니다.

성경은 룻기를 통해 우리에게 선택의 중요성을 가르쳐 줍니다. 신앙인들이 선택의 기로(岐路)에서 무엇을 택할 것인가? 특히 인생의 위기에서 어떻게 하면 올바르게 판단을 할 수 있는지에 대해 말씀합니다.

엘리멜렉과 나오미는 세상을 살아가는 신앙인의 표본이며, 동시에 성도들이 살면서 겪게 되는 인생질고(人生疾苦)를 미리 보여 주는 예고편과 같습니다. 좋은 본보기일 수도 있지만, 나쁜 본보기가 될 수도 있습니다.

엘리멜렉과 나오미는 흉년을 만나기 전까지 좋은 선택을 하는 것 같았습니다. 바른 신앙의 삶을 산 것처럼 평가 받고 있었습니다. 겉으로는 이름대로 사는 인생 같았습니다. 하지만 흉년은 지금까지 엘리멜렉의 삶이 어떠했는지, 무엇을 선택하며 살았는지를 드러냈습니다. 오늘을 사는 우리는 이들의 잘못된 선택을 살펴보고, 그것을 타산지석(他山之石)으로 삼아야 합니다. 그리고 신앙인의 올바른 선택이 무엇인지 알아야 합니다.

왜 잘못된 선택인가

첫째, 약속의 땅을 떠남

— **룻 1:1-2**

1 사사들이 치리하던 때에 그 땅에 흉년이 드니라 유다 베들레헴에 한 사람이 그의 아내와 두 아들을 데리고 모압 지방에 가서 거류하였는데 2 그 사람의 이름은 엘리멜렉이요 그의 아내의 이름은 나오미요 그의 두 아들의 이름은 말론과 기룐이니 유다 베들레헴 에브랏 사람들이더라 그들이 모압 지방에 들어가서 거기 살더니

하나님의 백성이라고 항상 만사형통(萬事亨通)한 것은 아닙니다. 궁극적으로 형통이라는 결승점을 통과하지만, 그 결승점에 도달하기까지 모든 사람들이 겪는 우환질고(憂患疾苦)를 경험합니다. 이 일반적 상황에서 특별하게 사는 사람들이 하나님의 백성, 성도들입니다. 세상 사람들은 흉년이 찾아오면 삶의 터전을 버리고 풍요로움을 좇아 떠나갑니다. 그러나 성도는 흉년에도 신앙을 지키며 다가올 풍년을 기다립니다.

엘리멜렉은 약속의 땅에서 하나님을 붙들고 살아야 하는 사람입니다. 어떤 고난과 환란이 찾아와도 하나님의 약속을 붙들고 그곳에서 믿음의 경주를 해야 합니다. 하지만 흉년을 만난 엘리멜렉의 가정은 약속의 땅을 떠나 모압으로 내려갔습니다. 그들이 신앙의 선택을 놓치고 살았기 때문입니다. 자기의 소견대로 살다가 연약한 자가 되어 버렸습니다.

그들 신앙의 현주소는 자녀들의 이름에서도 찾아볼 수 있습니다.

"그의 두 아들의 이름은 말론과 기룐이니"(룻 1:2)

두 아들의 이름은 말론과 기룐입니다. 큰아들 말론은 '병약함', '나약함'이라는 뜻입니다. 둘째 아들 기룐은 '낭비', '마침', '소진'이라는 뜻입니다. 보통은 자녀의 이름을 지을 때, 부정적인 뜻을 담지 않습니다. 우리나라에 '금녀'(禁女)라는 이름이 있습니다. 더 이상 딸 낳지 말고 아들 낳으라는 소원이 담겨 있는 이름입니다. 하지만 이조차 부정적인 뜻을 담았다기보다 가정의 소망을 담고 있습니다.

그런데 엘리멜렉과 나오미는 두 아들의 이름에 '병약함', '낭비'라는 부정적인 뜻을 담았습니다. 부모인 엘리멜렉과 나오미의 이름과는 너무나 대조적입니다. 엘리멜렉과 나오미의 이름에는 신앙적이고 긍정적인 뜻이 담겨 있는 데 반해 그 아들들의 이름에는 부정적인 뜻이 담겨 있습니다.

말론과 기룐이라는 이름은 아버지 엘리멜렉과 어머니 나오미의 신앙을 대변하고 있습니다. 믿음의 두 사람이 만나 결혼하여 신앙의 가정을 이루었습니다. 그러나 그들은 사사시대를 살면서 점점 신앙이 나약해졌습니다. 흉년이 찾아와 그들의 믿음이 약해진 것이 아닙니다. 그들의 신앙이 약해졌을 때 흉년이 불어닥친 것입니다. 성경은 엘리멜렉의 신앙 상태를 아들들의 이름으로 보여 주고 있습니다.

만약 그들의 신앙이 견고하였다면 능히 흉년을 이겨 냈을 것입니다. 모압으로 가는 길을 선택하지 않았을 것입니다. 비록 먹을 것이 없는 베들레헴이지만, 신앙으로 다시 풍년을 기다리며 인내했을 것입니다. 그러나 엘리멜렉은 쉽게 모압을 선택했습니다.

아브라함과 그의 조카 롯의 이야기는 순간의 선택이 얼마나 중요한지를 보여 주는 좋은 예입니다.

—— 창 13:10-11

10 이에 롯이 눈을 들어 요단 지역을 바라본즉 소알까지 온 땅에 물이 넉넉하니 여호와께서 소돔과 고모라를 멸하시기 전이었으므로 여호와의 동산 같고 애굽

땅과 같았더라 11 그러므로 롯이 요단 온 지역을 택하고 동으로 옮기니 그들이 서로 떠난지라

아브람과 롯의 가족은 벧엘에 함께 거주했습니다. 두 가정은 소유물이 많았습니다. 그래서 함께 거주하기엔 장소가 넉넉하지 못했고, 아브람과 롯의 목자들이 자주 다투었습니다. 이에 아브람이 롯에게 선택권을 주고 원하는 땅을 차지하라고 했습니다. 롯은 눈에 보기에 물이 넉넉한 소돔과 고모라를 선택했습니다. 그러나 그 선택은 결국 죽음의 위기로 이어졌습니다. 아브람은 풍요로운 땅, 기름진 땅을 조카에게 넘겨주고 헤브론으로 옮겨 갔습니다.

—— **창 13:18**

이에 아브람이 장막을 옮겨 헤브론에 있는 마므레 상수리 수풀에 이르러 거주하며 거기서 여호와를 위하여 제단을 쌓았더라

    잘못된 선택(롯 1: 1-5)

성경은 아브람이 헤브론으로 옮겨 간 뒤 여호와를 위한 제단을 쌓았다고 기록하고 있습니다. 신앙을 따라 땅을 선택한 아브람을 세상의 기준으로 보기 좋고, 풍요롭고, 기름진 땅을 선택한 롯과 대조하여 보여 줍니다.

이를 보면 예전에 방영했던 한 기업의 유명한 광고 카피가 생각납니다.

'순간의 선택이 10년을 좌우합니다.'

잘못된 선택으로 인해 엘리멜렉 가정의 10년 후는 처참해졌습니다.

성도는 위기의 순간에 신앙의 길을 선택해야 합니다. 쉽지 않겠지만 철저히 믿음으로만 선택을 해야 합니다. 올바른 선택은 현재의 신앙상태가 결정짓습니다. 지금의 믿음이 신앙의 길을 선택하게 합니다.

둘째, 돌아갈 때를 놓쳐 버림

—— 룻 1:3

나오미의 남편 엘리멜렉이 죽고 나오미와 그의 두 아
들이 남았으며

평생을 살던 고향 땅을 버리고 타국으로 가기는 엘
리멜렉에게도 쉽지 않은 결정이었을 것입니다. 참으로
어려운 선택이었습니다. 그래도 이곳보다는 저곳이 소
망이 있다는 판단으로 어려운 걸음을 옮겼을 것입니다.
그러나 그곳은 희망의 땅도, 기쁨의 땅도 아니었습니다.
기쁨과 희망은 기대하던 그때뿐이고, 그 땅은 그들에게
커다란 아픔을 안겨 주었습니다. 가장인 엘리멜렉이 죽
고 만 것입니다. 흉년보다 더 큰 위기가 나오미 가정에
찾아왔습니다.

반드시 그런 것은 아니지만 신앙인들에게 위기는
기회일 때가 많습니다. 잘못된 선택을 한 엘리멜렉의 가
정에 하나님이 돌이킬 기회를 주셨습니다. 엘리멜렉의

　　　　　　　　　　　　　잘못된 선택(룻 1: 1-5)

죽음은 잘못된 선택을 되돌릴 수 있는 기회였습니다. 만약 이때 나오미가 신앙적으로 좀 더 민감하였다면, 그래서 다시 유다 땅으로 돌아갔다면, 10년 후에 다가올 큰 재앙, 즉 두 아들의 죽음을 막을 수 있었을 것입니다. 하지만 나오미는 돌아가지 않았습니다. 성경은 엘리멜렉이 죽은 후 나오미의 가정을 이렇게 표현합니다.

"죽고… 남았으며…."

나오미의 가정은 비록 가장인 엘리멜렉이 죽었지만 희망의 씨앗인 두 아들이 남아 있었습니다. 이제 그들이 해야 할 일은 이방의 땅을 떠나 약속의 땅으로 돌아가는 것입니다. 그런 의미에서 죽었지만 남아 있습니다. 절망스러운 상황이었지만 아직 희망을 기대할 수 있습니다. 하지만 나오미는 두 아들의 남아 있음을 돌아갈 약속의 땅에 대한 새로운 희망으로 삼지 않고, 이방인의 땅 모압에서의 희망으로 여겼습니다. 남편의 죽음이 가져다준 슬픔을 두 아들의 존재로 위안 삼았습니다. 유다를 떠나 자신들이 정착한, 다시 말해, 인간의 이성적 판단이 옳았음을 입증할 땅, 모압에서 다시 시작할 수 있다고 생각했습니다.

장성한 두 아들이 있었지만 이제 이 가정을 책임지고 이끌 영적 지도자는 나오미입니다. 그렇다면 남편이 죽은 뒤 두 아들을 이끌고 고향으로 돌아가야 했습니다. 엘리멜렉의 죽음을 돌아가라는 하나님의 음성으로 이해해야 했습니다. 하지만 나오미는 돌아갈 때를 놓치고 말았습니다.

"나오미의 남편 엘리멜렉이 죽고 나오미와 그의 두 아들이 고향으로 돌아갔으며."

이것이 하나님이 원하신 이 가정의 모습이었을 것입니다.

—— **창 11:31-32**

31 데라가 그 아들 아브람과 하란의 아들인 그의 손자 롯과 그의 며느리 아브람의 아내 사래를 데리고 갈대아인의 우르를 떠나 가나안 땅으로 가고자 하더니 하란에 이르러 거기 거류하였으며 **32** 데라는 나이가 이백오 세가 되어 하란에서 죽었더라

 잘못된 선택(룻 1: 1-5)

아브람은 아버지 데라와 함께 갈대아 우르를 떠나 약속의 땅을 향해 나아갔습니다. 그때 함께했던 아버지 데라는 도중에 하란에 정착했습니다. 잠시 휴식한 것이 아닙니다. 말 그대로 그곳에 거류(יָשַׁב 야샤브; 거주하다, 정착하여 살다)했습니다. 즉 그곳에 정착하여 집을 구하고 농사와 목축을 하며 삶의 보금자리를 마련한 것입니다. 갈대아 우르를 떠나 가나안으로 가야 한다는 걸 잊고 눌러앉아 버렸습니다.

데라에게 있어 하란은 엘리멜렉 가정의 모압이었습니다. 데라는 잘못된 선택을 함으로써 결국 약속의 땅을 밟지 못하고 하란에서 생을 마감했습니다.

—— 행 7:3-4

3 이르시되 네 고향과 친척을 떠나 내가 네게 보일 땅으로 가라 하시니 4 아브라함이 갈대아 사람의 땅을 떠나 하란에 거하다가 그의 아버지가 죽으매 하나님이 그를 거기서 너희 지금 사는 이 땅으로 옮기셨느니라

사도행전의 저자 누가는 데라와 아브라함을 죽은 자와 떠난 자로 비교하고 있습니다. 아브라함이 하란을 떠난 시점은 아버지 데라가 하란에 정착하여 그곳에서 살고 있을 때입니다. 그럼에도 불구하고 성경은 "아버지가 죽으매 하나님께서 아브라함을 옮기셨다"고 말합니다(행 7:4). 데라는 죽음을 선택하였지만, 아브라함은 하나님의 약속을 선택하였음을 보여 주기 위함입니다.

성도는 '죽고'의 의미를 제대로 알고 다시 하나님께로 돌아가는 사람입니다. 성도는 어디로 가야 하는지, 누구에게로 돌아가야 하는지를 정확하게 알고 사는 사람입니다.

셋째, 인간적인 미련을 버리지 못함

—— **룻 1:4-5**

4 그들은 모압 여자 중에서 그들의 아내를 맞이하였는데 하나의 이름은 오르바요 하나의 이름은 룻이더라 그

　　　　잘못된 선택(룻 1: 1-5)

들이 거기에 거주한 지 십 년쯤에 5 말론과 기룐 두 사람
이 다 죽고 그 여인은 두 아들과 남편의 뒤에 남았더라

나오미는 남편을 잃은 슬픔을 두 아들을 통해 보상
받고자 했습니다. 안정된 가정을 꾸리게 되면 어느 정도
위로를 받을 것이라 생각했습니다. 그래서 모압 여자를
며느리로 맞아 이상적인 가정을 꾸리려고 했습니다. 그러
나 그것은 하나님이 원하시는 신앙의 모습이 아닙니다.

―― 창 24: 3-4

3 내가 너에게 하늘의 하나님, 땅의 하나님이신 여호와
를 가리켜 맹세하게 하노니 너는 내가 거주하는 이 지
방 가나안 족속의 딸 중에서 내 아들을 위하여 아내를
택하지 말고 4 내 고향 내 족속에게로 가서 내 아들 이
삭을 위하여 아내를 택하라

나오미는 아들들을 장가보낸 뒤 모압이 살 만한 땅,
살아 볼 가치가 있는 땅으로 여겼습니다. 그리고 그곳에

서 무려 10년 동안 거주했습니다. '10년이면 강산도 변한다'는 말이 있듯이 10년이라는 기간은 나오미의 가정을 변화시키기에 충분했습니다. 약속의 사람이 세상의 사람으로 동화되었다는 뜻입니다. 10년을 살면서 유다 백성이 모압 백성이 되었습니다.

10년의 기간이 흐르면서 나오미는 어느 정도 안정을 찾았습니다. 모압에서의 삶에 만족할 수 있었습니다. 그렇게 이제 막 행복(?)을 맛보려는데 삶을 송두리째 앗아 가는 비보(悲報)를 듣게 되었습니다. 두 아들 말론과 기룐이 죽었다는 소식입니다. 이제 겨우 과거의 아픔을 잊고 안정된 가정을 꾸리고 살려는데 하나님이 나오미의 두 아들을 불러 가셨습니다. 나오미는 모압으로 내려와 결국 모든 것을 잃었습니다. 풍요로움을 찾아, 거둘 것이 있는 곳을 찾아서 왔건만 도리어 가진 것조차 모두 잃고 말았습니다. 두 아들이 죽고서야 비로소 나오미는 모압을 떠날 것을 결단합니다. 이것이 우리의 어리석음이며, 인간적인 미련입니다.

   잘못된 선택(룻 1: 1-5)

—— 룻 1:3, 5

3 나오미의 남편 엘리멜렉이 죽고 나오미와 그의 두 아들이 남았으며 5 말론과 기룐 두 사람이 다 죽고 그 여인은 두 아들과 남편의 뒤에 남았더라

3절에서 나오미의 가정에는 남편이 죽고 자신과 두 아들이 남았습니다. 그러나 5절에서는 두 아들이 죽고 나오미 자신만 남았습니다. 성경은 두 며느리와 함께 남았다고 하지 않습니다. 이는 보압에 더 이상 미련을 갖지 말라는 의미입니다. 두 아들이 남았을 때는 그래도 희망을 품을 수 있었습니다. 그러나 두 아들이 죽자 미련조차 없어졌습니다. 하나님의 사람은 세상에 미련을 두지 말고 하나님의 땅, 약속의 땅으로 돌아가야 합니다.

엘리멜렉과 나오미의 선택은 성도의 삶을 돌아보게 합니다. 혹여 신앙의 길에서 이탈했다면 하나님의 돌이키라는 사인을 볼 수 있어야 합니다. 그리고 미련 없이 돌아가야 합니다. 이것이 10년을 좌우하는, 미래의 삶을 향한 올바른 신앙의 선택입니다.

묵상하기

||||||||

위기의 순간에 잘못된 선택을 한 경험이 있습니까?

||||||||||

혹은 잘못된 선택을 했을 때 위기가 기회가 되었던 경험이 있습니까?

잘못된 선택(룻 1: 1-5)

3

'듣고' שָׁמַע 돌아가다

룻 1:6-7

≡　　　　　　　　어거스틴(Augustine)은 AD 384년, 그의 나이 30세에 암브로우스(Ambrose)의 설교를 듣고 변화를 경험합니다. 17세부터 방탕하게 살던 어거스틴은 철저한 하나님의 개입과 주권적 섭리 가운데 회심하게 됩니다. 어거스틴의 어머니는 그를 위해 쉬지 않고 기도했습니다. 밀란의 한 정원에서 극적인 회심을 경험한 어거스틴이 성경을 펼쳐 읽은 첫 구절이 로마서 13장 13-14절입니다.

── 롬 13:13-14

13 낮에와 같이 단정히 행하고 방탕하거나 술 취하지 말며 음란하거나 호색하지 말며 다투거나 시기하지 말고 **14** 오직 주 예수 그리스도로 옷 입고 정욕을 위하여 육신의 일을 도모하지 말라

위대한 어거스틴의 변화는 하나님의 개입과 말씀으로 이루어졌습니다. 말씀 앞에 서는 사람은 새로운 출발

 '듣고'πιπ및 돌아가다(룻 1:6-7)

을 할 수 있습니다.

신앙인은 실패와 좌절로 인생을 마감하는 사람들이 아닙니다. 신앙인들은 결국 다시 믿음의 자리를 찾게 되어 있습니다. 비록 현재 고난과 역경 가운데 있을지라도 종국에는 기쁨과 감사의 열매를 거두게 될 것입니다.

돌이키는 때가 언제인가?
첫째, 하나님의 일하심을 들을 때

—— 룻 1:6

그 여인이 모압 지방에서 여호와께서 자기 백성을 돌보시사 그들에게 양식을 주셨다 함을 듣고 이에 두 며느리와 함께 일어나 모압 지방에서 돌아오려 하여

나오미는 모압에서 모든 것을 잃었습니다. 남편 엘리멜렉이 죽었습니다. 두 아들 말론과 기룐도 죽었습니다. 나오미에게 남은 것은 나오미 자신과 두 며느리 뿐

입니다. 모든 것을 정리하고 모압을 떠나 고향인 유다로 돌아가고 싶었지만 사람들의 수군거리는 소리가 들리는 듯해서 쉽게 발이 옮겨지지 않습니다. 더구나 자기와 같이 과부가 된 모압 며느리들은 어떻게 합니까. 앞날에 대한 걱정으로 이러지도 저러지도 못하고 잠도 제대로 잘 수 없습니다.

나오미는 모압에서 이방 여인입니다. 모든 나라의 사람들이 그러하듯 이방인에 대한 내국인의 시선은 그리 좋지 못합니다. 엘리멜렉이나 두 아들이 살았을 때는 모압 사람들의 시선을 무시하거나 참을 수 있었습니다. 그러나 지금은 혼자입니다. 그 어느 때보다 모압인들의 눈길이 곱지 못합니다.

모압 사람들의 눈에는 나오미가 저주 받은 사람이요, 재수 없는 사람으로 보였을 것입니다. 그래도 나오미는 참을 수밖에 없었습니다. 두 며느리와 함께 살아 보려고 애썼습니다.

그러던 어느 날 나오미의 귀에 고향 땅에 대한 소식이 들렸습니다. 하나님이 자기 백성들에게 양식을 주셨다는 것입니다. 유다에서 기근을 만났을 때는 모압이 하나님보다 더 크게 보였습니다. 모압으로 피하면 모든 문제가 해결될 것이라 확신했습니다. 그러나 모압은 잘못된 선택이며 신앙의 끝없는 추락이었습니다.

유다에서 엘리멜렉과 나오미는 기근에 주목했습니다. 그래서 기근의 문제를 해결할 수 있는 모압행을 선택한 것입니다. 나오미의 가정은 10년 이상을 여전히 기근에 주목하며 모압에서 살았습니다. 먹고사는 문제를 해결하고자 하나님께 마음을 둘 여유가 없었습니다.

나오미는 남편이 죽고 두 아들을 장가보냈으나 두 아들마저 죽게 되자 정신이 하나도 없습니다. 기근을 피해 모압으로 왔건만 지금껏 단 한순간도 기근으로부터 자유하지 못했습니다.

모든 것을 잃어버린 지금, 나오미의 귀에 하나님의 소식이 들렸습니다. 붙들어야 할 것이 없어 어떻게 할까 고민하고 있는 나오미에게 평소 놓치고 있던 하나님의 음성이 들리기 시작했습니다.

"여호와께서 자기 백성을 돌보시사 그들에게 양식을
주셨다"(룻 1:6)

10년 전 고향을 떠나올 때는 유다 땅을 소망 없는
곳으로 생각했습니다. 하나님의 손길이 떠난 고통의 땅
이라고 여겼습니다. 하지만 하나님은 그때에도 유다를
돌보셨습니다. 기근에 눈이 고정되었기 때문에 하나님
의 일하심을 보질 못했을 뿐입니다.

모압에서는 계속된 고난과 충격에 휩싸여 하나님께
관심을 두질 못했습니다. 모든 것을 잃어버린 지금 드디
어 나오미는 하나님께 시선을 돌렸습니다.

나오미가 몰랐던 사실이 있습니다. 비로소 깨달은
것이 있습니다. 하나님은 하나님의 사람들을 돌아보신
다는 사실입니다. 비록 기근이 있었지만, 아픔이 있었지
만, 하나님은 자기 백성들로부터 눈을 떼지 않고 언제나
살펴보고 계셨습니다.

── 신 11:12

네 하나님 여호와께서 돌보아 주시는 땅이라 연초부터 연말까지 네 하나님 여호와의 눈이 항상 그 위에 있느니라

나오미의 내면 깊은 곳에서 잠자고 있던 신앙이 다시 일어나기 시작했습니다. 잊고 살던 선민의식(選民意識)이 다시 꿈틀거리기 시작했습니다. "여호와께서 자기 백성을 돌보신다"는 그 말씀이 나오미의 발걸음을 다시 유다로 돌이켰습니다.

낙망(落望)과 좌절(挫折)의 삶이 다시 신앙으로 일어날 수 있는 방법은 여호와의 돌보심을 듣게 될 때입니다. 지금도 여전히 살아 역사하시는 하나님을 다시 듣고, 보게 될 때, 기근의 자리를 털고 일어나 신앙의 자리로 옮겨 갈 수 있습니다. 잊지 마십시오. 하나님은 항상 하나님의 백성들을 돌보시는 분입니다. 그리고 하나님의 백성들을 위해 일하고 계십니다.

둘째, 터전을 옮기기로 결단할 때

6 그 여인이 모압 지방에서 여호와께서 자기 백성을 돌보시사 그들에게 양식을 주셨다 함을 듣고 이에 두 며느리와 함께 일어나 모압 지방에서 돌아오려 하여 7 있던 곳에서 나오고 두 며느리도 그와 함께하여 유다 땅으로 돌아오려고 길을 가다가

전도를 하다 보면 여러 사람들을 만납니다. 교회의 '교'(教)자도 모르는 사람들을 만나기도 하고, 과거 신앙생활을 했던 사람들을 만나기도 합니다. 이런저런 이유로 신앙에서 멀어진 사람들을 만나면 가슴이 아픕니다.

그들 스스로도 다시 신앙으로 돌아가야 함을 알지만 현실 때문에 돌아서질 못하는 경우가 많습니다. 대답은 다시 교회로 돌아가겠다고 긍정적으로 말합니다. 그러나 현실은 그렇지 못합니다. 현실과 신앙 사이에서 시소를 탑니다. 교회로, 신앙의 자리로 돌아오라고 권면하

면, 때를 미루며 변명으로 대답하는 사람도 있습니다.

신앙의 자리로 돌아가려면 반드시 희생과 결단이 필요합니다. 현재 머물고 있는 그 자리를 박차고 일어나 신앙을 회복할 수 있는 자리, 은혜의 자리로 돌아가야 합니다.

나오미는 육적으로만 곤고한 것이 아닙니다. 영적으로도 곤핍한 상태입니다. 내려갈 때까지 내려갔습니다. 더 이상 내려갈 곳이 없습니다. 그래도 나오미는 고향이 아닌 모압에 머물러 있고자 합니다. 남편과 두 아들이 죽었지만 자신의 곁에 남겨진 두 며느리를 바라보며 모압에서 어떻게든 살고자 했습니다. 하나님의 소식을 듣기 전까지는 말입니다.

나오미의 모습은 신앙을 잃어버린 사람의 모습입니다. 신앙을 다시 찾으면 살 수 있는데, 하나님을 붙들면 소망이 있는데, 자신의 생각과 고집에 사로잡혀 생각하는 대로 살려고 애를 씁니다. 어떻게 하면 현실에서 만족하며 살 것인가에 몰두합니다. 너무 오랫동안 그러고 살아서 신앙을 좇아 사는 법도 잊어버렸습니다. 모압에서 나오미가 그랬습니다.

하나님은 나오미에게 다시 신앙을 좇아 사는 법을 가르쳐 주십니다. 세상의 소리만 듣던 나오미의 귀에 하나님의 음성이 들리게 하십니다. 두려움과 좌절에 빠져 있던 나오미의 심령에 '하나님께는 양식이 있다. 하나님은 그의 백성을 돌보신다'는 희망의 메시지를 심으십니다.

터전을 옮기는 일은 쉽지 않습니다. 특히 버리고 떠나왔던 곳으로 다시 돌아가기는 더 어렵습니다. 하지만 하나님의 사람은 모압에 머무를 수 없습니다. 모압은 성도에게 있어 풍족함의 땅이 아닌 절망의 땅이요, 고통의 땅입니다. 성도는 다시 모압을 떠나 하나님이 약속으로 주신 땅으로 돌아가야 합니다.

하나님의 소식은, 다시 말해 하나님의 말씀은 닫혀 있던 나오미의 귀를 열었습니다. 얼어붙었던 나오미의 마음을 녹이셨습니다. 주저앉아 있던 나오미의 발을 다시 걷게 하셨습니다.

현실의 터전에서 신앙의 자리로 옮겨 오면 기쁨과 희망이 다시 회복됩니다. 말씀이 들리면 그 말씀의 능력으로 인해 신앙의 터전으로 다시 옮겨 갈 수 있습니다.

—— 창 35:3-7

3 우리가 일어나 벧엘로 올라가자 내 환난 날에 내게 응답하시며 내가 가는 길에서 나와 함께하신 하나님께 내가 거기서 제단을 쌓으려 하노라 하매 4 그들이 자기 손에 있는 모든 이방 신상들과 자기 귀에 있는 귀고리들을 야곱에게 주는지라 야곱이 그것들을 세겜 근처 상수리나무 아래에 묻고 5 그들이 떠났으나 하나님이 그 사면 고을들로 크게 두려워하게 하셨으므로 야곱의 아들들을 추격하는 자가 없었더라 6 야곱과 그와 함께한 모든 사람이 가나안 땅 루스 곧 벧엘에 이르고 7 그가 거기서 제단을 쌓고 그곳을 엘벧엘이라 불렀으니 이는 그의 형의 낯을 피할 때에 하나님이 거기서 그에게 나타나셨음이더라(룻기에서 '여호와께서 돌보시고 양식을 주셨다')

야곱은 외삼촌 라반의 집을 떠나 고향으로 돌아갔

습니다. 돌아오는 도중 세겜이라는 곳에 정착했습니다. 목적지를 향해 가던 도중 목적지를 잊어버리고 엉뚱한 곳에 정착한 것입니다. 하나님은 그런 야곱에게 목적지를 알려 주십니다. 그곳은 바로 벧엘입니다.

벧엘은 은혜의 땅이요, 체험의 땅이며, 하나님이 함께하신 땅입니다. 딸 디나의 강간 사건을 통해 야곱은 다시 하나님의 음성을 듣게 되었습니다. 그러자 현실의 터전을 떠나 신앙의 터전으로 발걸음을 옮길 수 있었습니다.

희망을 꿈꾸고 싶습니까? 잃어버린 기쁨을 회복하고 싶습니까? 그렇다면 은혜의 땅을 향해 출발하십시오.

셋째, 실천하는 삶을 볼 때

—— 룻 1:6-7

6 그 여인이 모압 지방에서 여호와께서 자기 백성을 돌보시사 그들에게 양식을 주셨다 함을 듣고 이에 두 며

　　　　　　　　　‘듣고’에서 돌아가다(룻 1:6-7)

느리와 함께 일어나 모압 지방에서 돌아오려 하여 7 있
던 곳에서 나오고 두 며느리도 그와 함께하여 유다 땅
으로 돌아오려고 길을 가다가

나오미는 유다 땅에 행하신 하나님의 돌보심을 듣
고 고민했습니다. 하나님의 역사를 생각하면 고향 땅으
로 돌아가고 싶었습니다. 하지만 자신의 처지를 생각하
면 돌아간다는 것이 썩 내키지 않았습니다.

나오미는 고향을 버리고 떠난 사람입니다. 동족들은
심각한 기근에도 유다 베들레헴을 지키고 살았으나 자신
은 고향을 등지고 모압으로 도망친 데다 성공하기는커녕
실패한 인생이 되었습니다. 돌아가기엔 부끄러운 처지입
니다. 그래서 나오미는 깊은 고민에 빠졌습니다.

드디어 나오미는 모압을 떠나 고향으로 돌아가자고
결심했습니다. 나오미가 이런 결정을 하게 된 데는 두
며느리가 충고해서가 아닙니다. 모압 사람들이 수군거
려서도 아닙니다. 불확실한 미래 때문도 아닙니다.

"여호와께서 자기 백성을 돌보시사 그들에게 양식을 주셨다 함을 듣고 이에"(룻 1:6)

하나님의 말씀이 주저주저하고 있는 나오미의 마음을 결정짓게 했습니다. 말씀이 작용하여 부끄러움도 넘어서게 했습니다. 고향에서 겪게 될 동족의 수군거림도 감내하게 했습니다.

성경은 나오미의 심경 변화를 세 단어로 표현하고 있습니다. 의지적 결단을 보여 주는 단어들입니다.

"일어나다, 돌아가다, 나오다"

갈등하는 나오미의 마음은 하나님의 말씀에 의해 심적 결단으로 이어졌습니다. 그리고 일어나, 모압을 떠나는 의지적 실천으로 나타났습니다. 귀에 들린 하나님의 일하심이 결국 잠자고 있던 나오미의 신앙을 다시 깨운 것입니다.

마음의 결단이 의지적 실천으로 이어질 때 하나님의 역사가 우리 삶 속에서 체험됩니다. 나오미가 하나님의 일하심을 듣고 모압을 떠나는 그 순간 절망은 희망으

 '듣고' 돌아가다(룻 1:6-7)

로 변화되기 시작했습니다. 당장은 눈에 보이지 않지만 절망과 희망의 비율이 의지적 실천과 함께 달라지기 시작했습니다.

실천하는 성도는 소망이 있습니다. 지금보다 미래가 밝습니다. 반드시 회복된 모습으로 하나님 앞에 서게 될 것입니다.

묵상하기

|||||||||

'신앙을 좇아 사는 삶'은 어떤 삶인지 생각해 봅시다.

|||||||||

지금 내 삶 가운데 '일어나서 돌이키고 나와야 하는' 의지적 결단의 상황
이 있다면 어떻게 실천할 것인지 구체적으로 생각해 봅시다.

'듣고' 돌아가다(룻 1:6-7)

4

절망의 노래에서 희망의 노래로
룻 1:8-18

≡ 　　　　　　　혹독한 겨울이 지나고 따뜻한 봄날

이 찾아오면, 아무것도 없던 땅에 새싹이 파릇파릇 돋아

납니다. 분명 풀 한 포기 없는 메마른 땅이었는데 어디

에 숨어 있었는지 생명의 기운이 땅을 뚫고 올라옵니다.

우리 눈에는 보이지 않지만 생명을 품은 씨앗이 겨울 동

안 땅속에 움츠리고 있다가 생명을 발아한 것입니다. 그

해 겨울이 추우면 추울수록 생명의 기지개는 더 힘차고

아름답게 보입니다.

　나오미는 인생의 겨울을 지나고 있습니다. 어느 해

보다 모질고 거친 한파가 불어닥쳤습니다. 호흡하는 모

든 것이 죽을 것만 같은 혹한이었습니다. 그러니 입에서

나오는 소리란 한탄밖에 없습니다. 그러나 절망인 줄 알

았던 나오미의 인생에 하나님이 찾아오셨습니다. 그리

고 룻이라는 희망의 씨앗을 주셨습니다. 절망에서 희망

이 싹트기 시작한 것입니다.

　하나님은 인생의 절망을 만난 사람을 그냥 내버려

두시지 않습니다. 희망을 품게 하십니다. 하나님의 희망

　　　　　　　절망의 노래에서 희망의 노래로(룻 1:8-18)

을 안고 다시 믿음의 자리(고향 땅 유다)로 돌아가도록 하십니다. 나오미는 절망 속에서 희망의 씨앗을 품고 돌아가고 있습니다. 분명하고도 힘찬 찬송은 아니지만, 가슴 한 곳에서 메아리쳐 흘러나오는 희미한 소리는 분명 희망의 노래입니다. 나오미가 부르는 희망의 노래는 무엇일까요? 어떻게 나오미는 절망의 노래를 버리고 희망의 노래를 부르게 되었을까요?

절망의 노래

—— **룻 1:11-12**

11 나오미가 이르되 내 딸들아 돌아가라 너희가 어찌 나와 함께 가려느냐 내 태중에 너희의 남편 될 아들들이 아직 있느냐 12 내 딸들아 되돌아가라 나는 늙었으니 남편을 두지 못할지라 가령 내가 소망이 있다고 말한다든지 오늘 밤에 남편을 두어 아들들을 낳는다 하더라도

기근을 피해 찾아온 모압 땅은 희망이 아니라 절망의 땅이었습니다. 남편은 물론 두 아들마저 죽음을 맞고 보니 모압이 절망의 땅이란 사실이 더욱더 분명해졌습니다. 희망의 빛은 보이지 않고 매일 흘리는 눈물과 통곡의 소리가 나오미의 음식이 되었습니다.

절망으로 끝날 것 같던 나오미의 인생에 예기치 못한 희망의 소식이 들려왔습니다. 여호와께서 자기 백성들에게 양식을 주셨다는 것입니다. 절망의 깊은 바닥에서 맥을 못 추던 희망이 기지개를 켜기 시작했습니다.

똑같은 절망의 인생을 살더라도 모압보다는 하나님이 일하시는 베들레헴이 더 낫겠다 싶어 나오미는 고향으로 돌아가기로 마음먹었습니다. 1%의 희망을 좇아 돌아가고자 결심했지만, 여전히 나오미를 사로잡고 있는 것은 절망의 노래입니다.

"내 딸들아 돌아가라 내 태중에 너희의 남편 될 아들들이 있느냐? 나는 늙었으니 남편을 두지 못할지라"

(룻 1:12)

     절망의 노래에서 희망의 노래로(룻 1:8-18)

며느리들이 나오미를 따라가겠다고 하자 나오미는
자신을 따라오면 소망이 없다고 말하고 있습니다. 유다를
향해 발걸음을 옮기고 있지만 나오미를 지배하는 것은
절망입니다. 소망의 말보다 부정적인 말이 흘러나오고 있
습니다.

여호와의 손이 나를 치셨으므로

나오미는 여전히 부정과 절망에 묶여 있습니다. 그
런데 그럴 수밖에 없습니다. 나오미는 현재 신앙보다는
눈에 보이는 것, 이성의 판단에 더 의존하고 있습니다.
신앙의 관점에서 해석하고 적용할 영적 분별력이 약해
져 버렸기 때문입니다. 회복의 자리로 나아갈 능력이 그
녀에겐 없습니다. 그럼에도 나오미는 하나님의 음성을
듣고 희망의 발걸음을 떼고 있습니다.

가시적 관점으로는 절망 속에서 옮겨 놓는 발걸음
이지만, 신앙의 관점에서는 하나님에 의해 희망의 첫걸

음을 떼고 있는 것입니다. 하나님으로 인해 나오미의 심령이 다시 희망의 노래를 읊조리기 시작합니다. 지금까지 말할 수 없는 탄식의 애가를 가슴으로 불렀으나 이제 그 탄식의 노래에도 희망이 담겨 있습니다.

—— 룻 1:8-9

8 나오미가 두 며느리에게 이르되 너희는 각기 너희 어머니의 집으로 돌아가라 너희가 죽은 자들과 나를 선대한 것같이 여호와께서 너희를 선대하시기를 원하며 9 여호와께서 너희에게 허락하사 각기 남편의 집에서 위로를 받게 하시기를 원하노라 하고 그들에게 입 맞추매 그들이 소리를 높여 울며

"여호와는 너희를 선대하실 것이다."
"여호와는 너희를 위로하실 것이다."

주변의 모든 환경은 나오미로 하여금 탄식의 노래만 부르게 했습니다. 환경의 무게 때문에 신앙마저 절망

 절망의 노래에서 희망의 노래로(룻 1:8-18)

의 구렁텅이로 떨어졌습니다. 그러나 하나님의 말씀은 다시 나오미를 절망에서 건져 올리고 있습니다.

아직 완전히 인식하지는 못하고 있습니다. 하나님이 여전히 사랑하시고, 절망 속에서도 역사하고 계심을 말입니다. 분명한 것은 지금 나오미의 절망은 과거의 것과는 다릅니다. 희망을 품은 절망입니다. 절망의 노래를 흥얼거리지만 그 속에 희망이 자라고 있습니다.

성도는 주변 환경으로 인해 절망할 수 있습니다. 낙심할 수도 있습니다. 하지만 삶에 대한 절망과 낙심이 신앙의 포기와 완전한 절망으로 이어져서는 안 됩니다. 그때에도 하나님이 우리 가운데 역사하고 계시므로 희망을 품은 노래를 부를 수 있어야 합니다. 비록 현재는 절망의 노래를 부를 수밖에 없지만, 탄식의 애가를 부를 수밖에 없지만, 곧 주님이 상황을 변화시켜 찬송이 흘러넘치도록 하실 것임을 기대하며 살아야 합니다.

희망의 노래

하나님은 절망에 빠진 나오미를 그냥 내버려 두시지 않습니다. 절망에서 희망의 인생으로 인도하십니다.

1) 남겨 두심

"그들이 소리를 높여 다시 울더니 오르바는 그의 시어머니에게 입 맞추되 룻은 그를 붙좇았더라"(룻 1:14)

시어머니의 권유로 오르바는 제 갈 길로 갔습니다. 그러나 룻은 시어머니 곁에 남아서 그와 늘 함께했습니다. 룻은 미래의 보아스를 미리 알고 어머니를 따라간 것이 아닙니다. 현재 나오미에겐 누구도, 아무것도 없습니다. 나오미의 처지는 그야말로 밑바닥입니다. 룻은 누구보다 이 사실을 잘 알았지만, 그럼에도 어머니를 따라나섭니다.

하나님이 룻을 나오미의 위로자로, 희망으로 남겨 두셨기 때문입니다. 절망에 빠져 기쁨(나오미)을 잃어버린 자에게 희망을 심기 위해 룻을 그 씨앗으로 남겨 두

 절망의 노래에서 희망의 노래로(룻 1:8-18)

셨습니다. 나오미는 알지 못했으나 하나님은 그렇게 준비하고 계셨습니다.

과거에 나오미는 남편이 죽자 두 아들을 위로자로, 희망으로 삼았습니다.

—— 룻 1:3

3 나오미의 남편 엘리멜렉이 죽고 나오미와 그의 두 아들이 남았으며

남편이 죽어도 두 아들이 남아 있었기에 나오미에겐 희망이 있었습니다. 모압에서 살아 볼 희망이 있었습니다. 그러나 그 희망은 어리석은 희망이었습니다. 이내 두 희망이 물거품처럼 사라지고 그 자리엔 절망만 남았습니다.

—— 룻 1:5

5 말론과 기룐 두 사람이 다 죽고 그 여인은 두 아들과 남편의 뒤에 남았더라

기대하고 믿었던 희망이 모두 사라지자 나오미는 끝없는 절망으로 떨어졌습니다. 두 며느리가 있지만 그들은 곧 떠나갈 사람들이었습니다.

나오미가 생각했던 대로 큰며느리는 자신의 곁을 떠났습니다. 그런데 예상치 못한 일이 벌어졌습니다. 둘째 며느리가 자신을 따라 유다행(行)을 결심한 것입니다. 한편으로 고맙지만, 또 한편으론 나오미에겐 무거운 짐이었습니다. 자기 자신도 감당하기 힘든 상황인데, 두 과부가 함께 산다는 것, 더군다나 이방인 며느리를 데리고 유다에서 산다는 것은 결코 쉬운 일이 아닙니다. 룻의 동행은 나오미에게 도움이 아닌 짐이 될 것이 뻔합니다.

그러나 이것이 하나님의 일하심입니다. 하나님은 상상도 못할 위로자를 나오미에게 붙여 주십니다. 하나님은 이방 여인 룻을 나오미 곁에 남겨 두심으로 기쁨을 찾게 하십니다. 그러나 절망의 자리에 있을 때는 이 사실을 전혀 깨달을 수 없습니다. 기쁨을 회복하고 나서야 그것이 하나님의 섭리였음을 알게 됩니다. 성도의 소망은 오직 하나님으로부터 옵니다.

     절망의 노래에서 희망의 노래로(룻 1:8-18)

2) 신앙의 도전

나오미의 절망은 외부적인 환경만이 아니었습니다. 나오미는 지금 신앙이 병든 상태입니다. 하나님과 멀어졌습니다. 입에서는 희망의 메시지보다 절망의 언어들이 쏟아집니다. 그때 하나님은 룻을 통해 나오미의 신앙을 자극하십니다.

—— **룻 1:15-16**

15 나오미가 또 이르되 보라 네 동서는 그의 백성과 그의 신들에게로 돌아가나니 너도 너의 동서를 따라 돌아가라 하니 16 룻이 이르되 내게 어머니를 떠나며 어머니를 따르지 말고 돌아가라 강권하지 마옵소서 어머니께서 가시는 곳에 나도 가고 어머니께서 머무시는 곳에서 나도 머물겠나이다 어머니의 백성이 나의 백성이 되고 어머니의 하나님이 나의 하나님이 되시리니

룻은 모압 여인입니다. 이방인입니다. 하나님에 대한 지식도 신앙도 없는 사람입니다. 시(媤)집을 믿음의

가정으로 온 것밖에 없습니다. 아내를 이방 여인들 중에 얻은 것으로 보아 나오미의 두 아들은 신실한 신앙인들이 아닌 것 같습니다. 평소 철저히 예배하는 삶을 산 것 같지도 않습니다. 나오미 역시 유다를 떠나 모압에 정착하여 10년 이상 살면서 이방의 풍속과 영향을 많이 받았을 것입니다.

그러나 나오미는 하나님을 섬기는 사람이었습니다. 룻은 나오미가 비록 신앙의 모습을 많이 잃었더라도, 모압 신들이 아닌 여호와를 섬기는 사람임을 알았습니다. 두 아들까지 죽고 난 후 신앙의 극심한 슬럼프에 빠진 나오미를 룻이 신앙적으로 자극하고 있습니다. 희미한 신 의식을 다시 기억나게 합니다.

"어머니의 백성이 나의 백성이 되고 어머니의 하나님이 나의 하나님이 되시리니"(룻 1:16)

나오미의 입술에서 하나님에 대한 신앙고백이 흘러나와야 마땅한데, 도리어 이방 여인의 입술에서 신앙의

     절망의 노래에서 희망의 노래로(룻 1:8-18)

결단이 나옵니다. 하나님은 룻의 결단을 통해 나오미의 잠자고 있는 신앙을 다시 깨우고 계십니다.

— 룻 1:18

나오미가 룻이 자기와 함께 가기로 굳게 결심함을 보고 그에게 말하기를 그치니라

사실 룻의 도전은 룻의 말이기보다 자기 백성인 나오미를 사랑하시는 하나님의 음성입니다.

다시 나오미를 새로운 인생으로 인도하고자 일하시는 하나님의 준비입니다.

— 에 4:13-14

13 모르드개가 그를 시켜 에스더에게 회답하되 너는 왕궁에 있으니 모든 유다인 중에 홀로 목숨을 건지리라 생각하지 말라 14 이때에 네가 만일 잠잠하여 말이 없으면 유다인은 다른 데로 말미암아 놓임과 구원을 얻으려니와 너와 네 아버지 집은 멸망하리라 네가 왕

후의 자리를 얻은 것이 이때를 위함이 아닌지 누가 알

겠느냐 하니

이스라엘의 부림절(이스라엘 민족이 페르시아의 총리 하만이 꾀한 유대인 절멸에서 벗어난 것을 기념하는 축제)은 에스더의 '죽으면 죽으리라'는 결단에서 기원되었습니다. 하지만 에스더를 움직이게 한 것은 모르드개의 도전입니다. 하나님이 모르드개의 마음을 움직이사 금식하며 기도하게 하셨고, 그런 뒤 에스더를 만나게 하셨습니다. 에스더서는 멸족의 위기 앞에 놓인 이스라엘을 구원하기 위해 미리 일하시는 하나님을 보여 준 사건을 기록하고 있습니다.

하나님은 예상하지 못한 한 인물을 나오미 가문에 남겨 두셨습니다. 남편도 아닌, 아들도 아닌 이방 여인입니다. 하나님은 절망의 때에 룻을 희망의 씨앗이 되도록 하셨습니다. 그리고 눈물이 변하여 기쁨이 되도록 하셨습니다. 이것이 하나님의 일하심이며 하나님의 역사하심입니다.

 절망의 노래에서 희망의 노래로(룻 1:8-18)

　성도의 인생에는 희망의 씨앗이 있습니다. 하나님이 절망의 때에 이 씨앗을 싹트게 하십니다. 우리의 희망은 신앙입니다. 신앙이 우릴 다시 웃게 할 것입니다. 어떤 절망과 고통에서도 다시 웃게 할 것입니다.

IIIIIIIII

나오미가 부르는 희망의 노래는 무엇일까요? 어떻게 나오미는 절망의
노래를 버리고 희망의 노래를 부르게 되었습니까?

IIIIIIIII

룻은 하나님이 나오미에게 남겨주신 희망의 씨앗이었습니다. 그렇다면
나의 희망의 씨앗은 무엇입니까?

5

하나님의 타이밍

룻 1:19-22

　　　三　　　　　　　성공하는 사람들에게서 발견한 몇 가지 공통점이 있습니다. 그중 하나는 성공으로 가는 과정에 실패의 경험이 있다는 것입니다. 그리고 그 실패를 견디고 이겨 냈다는 것입니다. 그런데 여기에는 실패의 자리에서 일어나도록 한 원동력이 있었습니다. 일종의 충격요법입니다.

　세상 사람들은 충격요법을 '운'(運)이라는 단어로 설명합니다. 그러나 성도에겐 하나님의 섭리이며, 타이밍입니다. 계획된 하나님의 조작입니다. 하나님의 타이밍에 인생이 실패에서 희망으로 돌아서게 되는 것입니다.

　우리는 엘리멜렉의 가정을 보며 성도의 가정에도 기근이 찾아올 수 있음을 알았습니다. 그리고 절망에서 성도가 취해야 할 신앙의 태도가 무엇인지도 알았습니다. 나오미는 모압에서 겪은 아픈 고통을 통해 귀한 영적 교훈들을 얻었습니다. 그리고 상처 입은 심령으로 다시 희망의 땅에 돌아왔습니다.

　하나님은 고향 땅으로 돌아온 그들에게 하나님의

　　　　　　　　하나님의 타이밍(룻 1:19-22)

예비하심이 무엇인지 보여 주십니다. 얼마나 기다리고 계셨는지 알게 하십니다.

다시 원점으로!

── **룻 1:19**

이에 그 두 사람이 베들레헴까지 갔더라 베들레헴에 이를 때에 온 성읍이 그들로 말미암아 떠들며 이르기를 이이가 나오미냐 하는지라

떡이 있어야 하는 떡집(베들레헴)에 기근이 찾아왔습니다. 기근을 피하여 상대적 풍요로움이 있는 이방 땅(모압)으로 터전을 옮겨 갔습니다. 당연히 배부르고 풍요로운 삶을 살 줄 알았지만, 나오미는 그곳에서 오히려 더 큰 기근을 만났습니다. 빼앗기고 잃어버린 처절한 기근이었습니다. 더 이상 내려갈 곳이 없이 추락한 나오미는 참된 양식이 있는 떡집을 향해 발걸음을 옮겨 놓습니다.

떡을 찾아 떡집 베들레헴을 떠났습니다. 모압에서 떡을 얻지 못하고 죽음과 눈물, 절망만 얻었습니다. 떠났던 땅, 떡이 있는 베들레헴을 향해 다시 돌아왔습니다. 뒤돌아보면 후회만 남습니다. 신앙과 믿음보다 눈에 보이는 육적인 것에 미혹되어 인생의 많은 시간을 허비해 버렸습니다. 잘못된 선택으로 인해 소중한 것들을 잃어버렸습니다. 더 나은 삶을 추구하며 떠났지만, 결국 다시 제자리로, 원점으로 돌아왔습니다.

떡집을 의미하는 베들레헴은 육적인 양식을 제공하는 장소만은 아닙니다. 육의 양식보다 더 귀한 영적 양식을 제공하는 곳이 베들레헴입니다. 영의 양식을 제공하는 공급처입니다. 아직 나오미는 그 사실을 알지 못합니다. 그러나 나오미의 삶의 흔적들을 통해 성령은 성도들에게 말씀하고 있습니다. 성도가 먹어야 하는 양식이 무엇인지, 그리고 참 양식 있는 곳에 성도가 있어야 함을 말입니다.

48 내가 곧 생명의 떡이니라 49 너희 조상들은 광야에서 만나를 먹었어도 죽었거니와 50 이는 하늘에서 내려오는 떡이니 사람으로 하여금 먹고 죽지 아니하게 하는 것이니라

오병이어의 표적을 보고, 경험한 사람들은 예수를 찾아다녔습니다. 육의 양식인 떡을 먹고 배부르기 위함입니다. 참된 양식이요, 생명의 근원이신 예수님보다 그분이 행하신 표적에 더 관심을 가졌습니다. 예수님과 함께하면 그들의 육의 문제, 배고픔이 해결될 것으로 여겼습니다. 마치 육의 떡을 찾아 베들레헴을 떠나 모압으로 내려간 나오미 가정과 같습니다.

예수님은 자신을 찾아온 무리에게 참된 양식, 생명의 떡을 말씀하십니다. 예수님 당신이 하늘에서 내려온 생명의 떡이라고 말씀하십니다. 안식과 평안, 영원한 생명이 있는 하늘의 떡이라고 자신을 소개하십니다.

베들레헴이 바로 이 떡의 공급처입니다. 과거에도

몰랐고, 지금도 아직 모르지만, 하나님에 의해 나오미는 생명의 떡이 있는 베들레헴으로 온 것입니다. 하나님이 나오미에게 안식과 위로, 소망을 주고자 베들레헴으로 초청하신 것입니다.

절망의 인생이 다시 희망을 품은 삶이 되려면 영적 양식이 있는 곳으로 돌아와야 합니다. 스스로 돌아올 수 있다면 그보다 더 좋은 것이 없습니다. 하지만 연약한 우리는 스스로 돌아가지 못합니다. 하나님이 이끄실 때 다시 원점으로 돌아갈 수 있습니다. 그 하나님의 이끄심에 나를 맡기는 그 사람이 바로 소망이 있는 사람이며, 하나님의 은혜를 입은 사람입니다.

낮아짐의 귀환

—— 룻 1:20-21

20 나오미가 그들에게 이르되 나를 나오미라 부르지 말고 나를 마라라 부르라 이는 전능자가 나를 심히 괴

　　　　　　　하나님의 타이밍(룻 1:19-22)

롭게 하셨음이니라21 내가 풍족하게 나갔더니 여호와께서 내게 비어 돌아오게 하셨느니라 여호와께서 나를 징벌하셨고 전능자가 나를 괴롭게 하셨거늘 너희가 어찌 나를 나오미라 부르느냐 하니라

떠났던 나오미가 고향 땅 베들레헴으로 돌아오자 성읍 주민들이 나오미를 환호합니다. 사실은 환호하기보다 초라하게 변한 나오미를 보고 놀라움을 감추지 못했습니다. 베들레헴에 기근이 찾아왔을 때 결단에 찬 모습으로 모압으로 떠났던 그 당당함은 온데간데없고, 모든 면에서 초라하기 짝이 없는 나오미를 보고 놀라지 않을 수 없었습니다.

나오미는 환대(歡待)가 아닌 냉대(冷待)와 조소(嘲笑)를 몸소 받았습니다.

—— 룻 1:19

이이가 나오미냐 하는지라

나오미는 자신을 나오미(기쁨)라 부르지 말고 마라(고통스러운)라 부르라고 합니다. 지난 10년간 자신의 삶을 '마라'라는 한 단어로 대변했습니다. 금의환향(錦衣還鄉)으로 돌아온 것이 아닙니다. 밑바닥 인생이 되어 돌아왔습니다. "나오미가 돌아왔네" 하는 사람들의 소리가 반갑지 않습니다. 나오미(기쁨)로 들리지 않습니다. 나오미의 귀에는 마라(고통스러운, 비통한)로 들립니다.

"마라가 돌아왔네."

나오미는 이런 소리를 듣고 가슴이 아렸습니다. 그러나 자신을 향한 하나님의 음성으로 들었습니다. 또한 과거의 삶을 돌아보게 하는 채찍으로 삼았습니다. 동족의 수모까지도 참고, 인내하는 겸손의 자세가 되었습니다.

베들레헴을 떠날 때는 풍족했으나 돌아올 때는 빈손이 되었습니다. 풍족함과 빈손은 베들레헴을 떠날 때, 그리고 다시 돌아올 때, 나오미의 신앙 상태를 보여 주기도 하지만, 한편으로 교만한 모습과 모든 것을 잃고 하나님의 은혜를 구하는 죄인의 모습, 겸손의 모습을 보여 준다고도 할 수 있습니다.

     하나님의 타이밍(룻 1:19-22)

하나님은 고난을 통해 나오미를 다시 하나님의 은혜를 구하는 심령이 가난한 자로 만드셨습니다. 나오미는 빈 인생이 되었지만 하나님께로 돌아오는 복을 누리게 되었습니다. 겉으로는 빈털터리이지만 하나님의 은혜를 채울 수 있는 겸손한 자로 돌아온 것입니다.

—— 시 18:27

주께서 곤고한 백성은 구원하시고 교만한 눈은 낮추시리이다

은혜의 집을 떠나 육을 좇아 사는 인생은 결국 마라와 같은 인생이 될 수밖에 없습니다. 성도는 세상의 것들로 기쁨을 누릴 수 있는 사람이 아닙니다. 하나님의 백성은 하나님으로부터 주어지는 은혜가 채워질 때 참된 기쁨을 누릴 수 있습니다. 세상의 풍족으로 사는 사람은 하나님의 은혜를 채울 공간이 없습니다. 하나님에 의해 빈 인생이 될 때 은혜가 채워질 수 있습니다.

빈 인생은 실패의 사람이 아닌, 희망이 있는 사람이

며, 기쁨을 누릴 수 있는 사람입니다.

나오미는 자신을 '마라'라고, 다시 말해 빈털터리 인생이라고 표현하고 있습니다. 그러나 룻기의 저자는 완전히 빈 인생이 아닌 '함께'라는 단어로 나오미의 귀환을 표현합니다.

"모압 여인 룻과 함께 돌아왔는데"(룻 1:22)

절망의 눈으로 보면 완전히 끝난 것 같은 빈 인생이지만 하나님은 그런 나오미 곁에 소망을 함께 붙여 돌아오게 하셨습니다. 혼자가 아닌 희망이 함께하는 인생이었습니다.

예비하시는 하나님

—— 룻 1:22

나오미가 모압 지방에서 그의 며느리 모압 여인 룻과

 하나님의 타이밍(룻 1:19-22)

함께 돌아왔는데 그들이 보리 추수 시작할 때에 베들
레헴에 이르렀더라

나오미와 룻이 베들레헴에 도착한 시기가 보리 추
수 시기였습니다. 나오미가 의도적으로 보리 추수기에
돌아온 것이 아닙니다. 하나님이 나오미와 룻에게 양식
을 주시는 하나님임을 알게 하기 위해 그 시기에 맞추신
것입니다.

모압에서 모든 깃을 잃고 은혜의 땅에 돌아왔지만
나오미는 양식을 걱정해야 했습니다. 무엇을 먹을까? 무
엇을 입을까? 하루하루 끼니를 걱정해야 했습니다.

—— 룻 1:6

여호와께서 자기 백성을 돌보시사 그들에게 양식을 주
셨다 함을 듣고

나오미와 룻에겐 "하나님이 자기 백성에게 양식을
주셨다"는 말이 자기들과는 상관없는 얘기로 들립니다.

남들은 먹을 것이 있지만 이들은 먹을 것이 없습니다. 베들레헴으로 돌아왔지만 빵을 걱정해야 하는 형편입니다. 이런 그들을 위해 하나님은 보리 추수기에 돌아오게 하셨습니다.

빵이 없었던 과거의 베들레헴과는 달리 보리 추수기의 베들레헴은 빵이 있을 수밖에 없습니다. 그때를 맞추어 하나님은 빵이 있는 베들레헴으로 나오미와 룻을 인도하셨습니다. 하나님은 자기 백성들을 위해 예비하시는 분입니다.

당시에는 그 시점이 하나님의 타이밍임을 알지 못합니다. 하지만 세월이 흐르면, 다시 돌아볼 여유가 생기면, 그때가 하나님의 정확한 때요 예비하심임을 비로소 알게 됩니다.

나오미와 룻은 끼니를 걱정하며 베들레헴으로 올라오고 있지만, 믿음의 눈으로 바라보면 빵 속으로 들어가고 있는 것입니다. 온 천지가 먹을 것으로 넘쳐 나는 베들레헴으로 들어온 것입니다. 이것이 절망에서 희망으로 인도하시는 하나님의 타이밍입니다.

7 이삭이 그 아버지 아브라함에게 말하여 이르되 내 아버지여 하니 그가 이르되 내 아들아 내가 여기 있노라 이삭이 이르되 불과 나무는 있거니와 번제할 어린 양은 어디 있나이까 8 아브라함이 이르되 내 아들아 번제할 어린 양은 하나님이 자기를 위하여 친히 준비하시리라 하고 두 사람이 함께 나아가서

하나님은 이삭을 대신할 양을 미리 준비하고 기다리고 계셨습니다. 칼을 들어 치려는 순간까지 보이지 않았지만, 하나님은 그때를 기다리며 양을 수풀에 감춰 두셨습니다. 하나님의 때, 가장 극적인 타이밍에 준비된 양을 보여 주셨습니다.

하나님의 타이밍을 보고 신앙의 길을 걷는 사람이 성도입니다. 지금보다 하나님이 예비하신 내일의 시간이 있음을 믿고 사는 것이 성도의 지혜입니다.

성도는 하나님이 공급하시는 양식이 있는 곳으로 돌아와야 합니다. 교만한 인생이 고난을 거쳐 낮아지고

겸손해질 때 다시 신앙의 회복이 시작됩니다. 하나님은 하나님의 때를 예비하심으로 절망을 희망으로 바꾸십니다. 하나님이 준비하신 타이밍에 맞춰 인생을 사는 사람이 신앙인입니다.

 하나님의 타이밍(룻 1:19-22)

묵상하기

|||||||||

우리 가정에 기근이 찾아온 경험이 있습니까? 절망 중에 성도가 취해야
할 신앙의 태도는 무엇인지도 생각해 봅시다.

|||||||||

나오미가 경험한 것과 같은 '하나님의 타이밍'을 경험한 적이 있습니까?

묵상하기

Part 2

은혜:
은혜의 땅으로
귀환

6

은혜 입은 '마라' מָרָא

룻 2:1-7

—— 출 15:23-26

23 마라에 이르렀더니 그곳 물이 써서(מַר 마르; 쓴, 괴로움, 비통 ←מָרַר 마라르; 쓰다, 괴롭다, 비통하다) 마시지 못하겠으므로… 25 …여호와께서 그에게 한 나무를 가리키시니 그가 물에 던지니 물이 달게(מָתַק 마타크; 달다, 기쁘다, 즐겁다) 되었더라 거기서 여호와께서… 그들을 시험하실새 26 …나는 너희를 치료하는 여호와임이라

출애굽기에서 마라의 샘은 이스라엘 백성들에게 하나님이 어떤 분인지 알게 한 사건입니다. 이를 통해 백성들에게 쓴물(마라)을 단물(마타크)로 바꾸시는 치료의 하나님임을 나타내셨습니다. 하나님은 자기 백성들을 모압에서 베들레헴으로 인도하시는 분입니다. 절망이 가득한 인생에 은혜를 베푸셔서 기쁨이 가득한 삶으로 인도하시는 분입니다.

모압에서 나오미와 룻의 인생은 마라였습니다. 쓰디써서 마시지 못하는 물과 같은 인생이었습니다. 그런 그

들에게 하나님은 은혜를 베푸십시다. 쓴물을 단물로 바꾸시고 치료의 하나님, 회복의 하나님이 되어 주십니다.

마라의 인생을 사는 사람에게 하나님은 어떻게 기쁨을 되찾게 하실까요? 하나님은 어떤 계획하심으로 나오미의 인생을 바꾸실까요? 그리고 하나님의 인도하심을 받는 성도의 삶은 과연 어떠해야 할까요?

어떻게 회복되는가?
첫째, 하나님의 은혜를 통해

—— 룻 2:1

나오미의 남편 엘리멜렉의 친족으로 유력한 자가 있으니 그의 이름은 보아스더라

룻기 2장의 출발이 1장과는 사뭇 다릅니다. 어두웠던 1장과는 달리 희망의 빛이 스며들고 있습니다.

 은혜 입은 '마라'ארמ (룻 2:1-7)

"사사들이 치리하던 때에… 흉년이 드니라…"(룻 1:1)

"엘리멜렉이 죽고"(룻 1:3)

"말론과 기룐 두 사람이 다 죽고"(룻 1:5)

"나를 마라라 부르라… 나를 심히 괴롭게…"(룻 1:20)

"엘리멜렉의 친족으로 유력한 자가 있으니… "(룻 2:1)

나오미와 남편 엘리멜렉, 두 아들은 1장에서 모압을 향해 힘찬 출발을 합니다. 그러나 어두운 절망의 긴 터널을 향한 출발인 줄 몰랐습니다. 남편과 두 아들이 죽자 나오미의 가정엔 미래도 희망도 사라져 버렸습니다. 1장은 슬픔과 절망, 눈물의 장입니다. 그런 1장이 끝나고 생각지도 못한 희망의 서막이 2장에서 열립니다.

—— 룻 2:1

엘리멜렉의 친족으로 유력한 자가 있으니

마라의 삶을 살고 있는 나오미의 가정을 기쁨으로 이끌 구원의 소식을 선포하고 있습니다. 유력한 자는 재력과 능력이 있는 사람으로서 엘리멜렉의 '기업 무를 자', 고엘('보상할 자, 구속할 자'라는 뜻으로 가장 가까운 친족으로서 어려움 당한 자를 구해줄 의무와 권리가 있는 자)입니다. 나오미는 멸절한 가문을 일으키기 위해 올라온 것이 아닙니다. 양식 주신 하나님을 찾아 고향 땅 베들레헴으로 올라왔습니다. 인간의 가장 원초적인 욕망을 해결하기 위해 고향에 온 것입니다. 하지만 하나님은 나오미를 위해 빵을 준비하실 뿐만 아니라 가문을 위한 생명의 씨앗도 남겨 두셨습니다.

보아스는 나오미의 모든 아픔과 고난을 덮어 줄 하나님의 자비(חֶסֶד 헤세드)입니다. 또한 시어머니를 따라온 이방 여인 룻에 대한 하나님의 보상과 사랑입니다.

룻기의 저자인 하나님은 독자인 성도들에게 희망의 메시지를 던지십니다. 절망의 긴 터널을 지나온 나오미와 우리에게 하나님의 은혜가 기다리고 있음을 알게 하십니다. 빵보다 더 귀한 하나님의 사랑을 보게 하십니다. 하나님의 은혜로 말미암아 절망에서 기쁨의 싹이 납니다. 슬픔이 변하고 통곡이 바뀌어 노래가 되었습니다.

　　　　　　　　은혜 입은 '마라'מָרָא (룻 2:1-7)

── 고전 15:10

그러나 내가 나 된 것은 하나님의 은혜로 된 것이니 내게 주신 그의 은혜가 헛되지 아니하여 내가 모든 사도보다 더 많이 수고하였으나 내가 한 것이 아니요 오직 나와 함께하신 하나님의 은혜로라

바울은 자신의 모든 삶은 전적인 하나님의 은혜로 되었다고 찬송하고 있습니다. 그러나 눈으로 확인되는 삶의 흔적은 상처와 아픔, 고난입니다. 걸어온 발자취마다 고난의 무게가 선명히 새겨 있습니다. 눈물의 흔적이 있고, 모욕과 핍박의 상처 자국들이 몸 구석구석에 그림처럼 남아 있습니다. 그렇지만 상처의 깊이보다 하나님의 은혜가 더 깊기에 고난의 기억은 감사로 승화(昇華)되었습니다. 하나님의 은혜로 인해 남은 흔적이 결국 하나님의 영광스러운 상이 되었습니다.

분명 성도의 삶에도 동일한 하나님의 은혜가 주어질 것입니다. 그리고 지금까지의 어려움과 역경은 결국 기쁨의 노래로 남게 될 것입니다.

둘째, 하나님의 의도하심을 통해

—— 룻 2:3-4

3 룻이 가서 베는 자를 따라 밭에서 이삭을 줍는데 우연
히 엘리멜렉의 친족 보아스에게 속한 밭에 이르렀더라
4 마침 보아스가 베들레헴에서부터 와서 베는 자들에
게 이르되 여호와께서 너희와 함께하시기를 원하노라
하니 그들이 대답하되 여호와께서 당신에게 복 주시기
를 원하나이다 하니라

룻은 시어머니를 봉양하기 위해 이삭을 주우러 갔
습니다. 그녀가 일하게 된 곳은 하나님의 은혜의 통로인
보아스의 밭이었습니다. 성경은 ‘우연히’라는 표현으로
그들의 만남을 소개하고 있지만 하나님의 의도하심임을
보여 주는 단어 ‘마침’이 뒤따라옵니다. ‘마침’(הִנֵּה 힌네;
보라, 주의를 환기시키는 감탄사)이라는 단어는 룻과 보아스의
만남이 어떠한 우연인지 보여 주고 있습니다. 이는 우연
을 가장한 하나님의 의도된 사건입니다.

　　　　　　　　　은혜 입은 ‘마라’מָרָא (룻 2:1-7)

──── 엡 1:11-12

11 모든 일을 그의 뜻의 결정대로 일하시는 이의 계획을 따라 우리가 예정을 입어 그 안에서 기업이 되었으니 12 이는 우리가 그리스도 안에서 전부터 바라던 그의 영광의 찬송이 되게 하려 하심이라

하나님은 모압을 향해 내려가는 인생처럼 자기의 소견대로 인생을 계획하고 살아가는 사람에게 고난을 예비하셔서 다시 모압을 떠나 은혜의 땅, 베들레헴으로 돌아오게 하십니다. 그리고 양식을 주기 위해 하나님의 은혜를 준비하고 의도된 만남이 이루어지게 하십니다.

성도의 인생은 우연이 아닙니다. 하나님의 계획하심과 의도하심으로 이루어진 인생입니다. 여러분의 현재 그 자리도 우연의 연속이 만들어 낸 결과물이 아니라, '마침'이라는 하나님의 계획하심과 의도하심이 빚어 낸 열매입니다.

우연의 연속은 절망입니다. 포기와 낙심입니다. 그러나 우연에 '마침'이 더하여지면 기쁨의 미소를 지을

수 있습니다. 지금도 하나님은 우리 인생에 '마침'이 끊어지지 않게 하십니다.

셋째, 은혜를 구함과 배려를 통해

—— **룻 2:2, 7**

2 모압 여인 룻이 나오미에게 이르되 원하건대 내가 밭으로 가서 내가 누구에게 은혜를 입으면 그를 따라서 이삭을 줍겠나이다 하니 나오미가 그에게 이르되 내 딸아 갈지어다 하매 7 그의 말이 나로 베는 자를 따라 단 사이에서 이삭을 줍게 하소서 하였고 아침부터 와서는 잠시 집에서 쉰 외에 지금까지 계속하는 중이니이다

떨어진 보리 이삭을 줍기 위해 룻은 보아스의 밭으로 향했습니다. 그 밭이 엘리멜렉의 친족의 땅이라는 것은 모른 채였습니다. 룻은 이방 땅에서 처음으로 자신에게 은혜를 베푸는 곳에서 일하길 원하며 기도하는 마음

     은혜 입은 '마라'מרא (룻 2:1-7)

으로 보아스의 밭으로 갔습니다. 기도의 응답인 양 보아스의 사환들이 이방 여인 룻에게 은혜를 베풀었습니다.

어머니의 땅에서, 어머니의 백성들로부터 은혜를 공급 받지 못하면 그들은 살 수가 없습니다. 오직 은혜만이 살 수 있는 유일한 희망입니다. 그래서 이방 여인 룻은 하나님의 백성들에게 은혜를 구하고 있습니다. 이런 룻의 간절한 소망 위에 하나님의 은혜가 부어졌습니다. 하나님의 백성들에 의해 가난한 과부에게 은혜(헤세드)가 베풀어졌습니다. 이것이 하나님의 배려입니다.

—— 신 24:19-21

19 네가 밭에서 곡식을 벨 때에 그 한 뭇을 밭에 잊어버렸거든 다시 가서 가져오지 말고 나그네와 고아와 과부를 위하여 남겨 두라 그리하면 네 하나님 여호와께서 네 손으로 하는 모든 일에 복을 내리시리라 20 네가 네 감람나무를 떤 후에 그 가지를 다시 살피지 말고 그 남은 것은 객과 고아와 과부를 위하여 남겨 두며 21 네가 네 포도원의 포도를 딴 후에 그 남은 것을 다시 따지

말고 객과 고아와 과부를 위하여 남겨 두라

은혜의 수혜자가 된 룻은 배려에 합당한 삶을 삽니다. 이방 여인인 자신에게 있어 그것이 얼마나 귀한 것인지 알기에 성실함으로 살아갑니다.

그의 말이 나로 베는 자를 따라 단 사이에서 이삭을 줍게 하소서 하였고 아침부터 와서는 잠시 집에서 쉰 외에 지금까지 계속하는 중이니이다

룻은 은혜의 가치를 알고 그 영향권 안에서 최선을 다하고 있습니다.

룻기의 배경은 사사시대입니다. 왕이 없어 사람들이 제각기 자신의 소견에 옳은 대로 행하던 시대입니다. 하나님의 은혜와 인도하심에 인생을 맡기지 못하고 자신의 육의 소원을 따라 살던 시대입니다. 그런 때에 하나님을 잘 알지 못하는 이방 여인 룻이 은혜를 받고자

합니다. 우리는 룻의 모습을 통해 은혜 받은 자의 삶의 태도가 어떠해야 하는지를 배우게 됩니다.

성도는 모든 것이 하나님의 은혜로 주어졌음을 알고 은혜 아래 살아야 합니다. 성실하게 그 은혜를 누려야 합니다. 하나님의 은혜가 내 삶의 전부가 되게 해야 합니다. 그것이 은혜에 대한 성도의 바른 태도입니다.

나오미와 룻은 암울하기만 하던 과거를 뒤로하고 고향으로 돌아왔으나 삶은 여전히 마라와 같습니다. 그러나 하나님은 그들을 위해 은혜의 통로를 예비해 두셨습니다. 의도된 만남도 계획하셨습니다. 풍성한 배려도 받게 하셨습니다. 이를 통해 나오미와 룻으로 하여금 고통을 잊고 미소를 머금게 하십니다.

절망으로 끝날 뻔한 인생에 다시 삶에 대한 의지가 타오르고 있습니다. 마라(쓰디쓴)의 인생이 나오미(기쁨) 인생으로 회복되고 있습니다. 전적인 하나님의 은혜입니다. 룻에게 베풀어진 말로 형언하기 힘든 기적과 같은 은혜가 우리 인생에도 동일하게 베풀어질 것입니다.

묵상하기

||||||||

은혜를 받기 위해 룻은 어떠한 노력을 했습니까?

||||||||

'은혜 받고자 하는 사람의 삶의 태도'란 어때야 하는지 우리의 삶에 적용
하여 구체적으로 생각해 봅시다.

은혜 입은 '마라' מָרָא (롯 2:1-7)

7

여호와의 날개 아래

룻 2:8-13

＝　　　　　　　　룻의 삶은 풍족하거나 안정된 것과 거리가 멀었습니다. 매 끼니를 걱정해야 하는 불안하고 궁핍한 상황이었습니다. 이방인이고 낯선 땅이지만 룻은 시어머니를 부양해야 했으므로 무작정 밭을 찾아갔습니다. 유다의 관습도 모르고 이방인인 데다 여자였기에 룻은 어떤 봉변을 당할지 알 수 없었습니다. 먹고살기 위해 걸음을 옮겼지만 룻은 항상 불안하고 두렵습니다.

어쩌면 이것이 세상 사람들의 모습이 아닐까 합니다. 불안하고 두렵고 걱정하는 모습 말입니다. 성도의 삶은 이와 달라야 합니다. ‘하나님의 날개’라는 피난처가 있기 때문입니다. 그 날개 아래 거하면 어떤 상황이라도 보호 받고 안전이 보장됩니다. 설명할 수 없는 평안과 안식을 누릴 수 있습니다.

룻은 강한 자가 아닙니다. 연약한 사람입니다. 보호 받아야 할 과부였고 누구보다 피난처가 필요한 사람입니다. 어디로 가고 있습니까? 어떻게 안식하며 위로 받고 있습니까?

　　　　　　여호와의 날개 아래(룻 2:8-13)

어떻게 안식할 수 있나

첫째, 사랑 아래 있게 하심

—— 룻 2:10

룻이 엎드려 얼굴을 땅에 대고 절하며 그에게 이르되
나는 이방 여인이거늘 당신이 어찌하여 내게 은혜를
베푸시며 나를 돌보시나이까 하니

룻은 모압 여인입니다. 다른 말로 하면 이방 여인
입니다. 유다 사회에서 관심의 대상이 아닙니다. 이삭을
줍기 위해 이곳저곳을 기웃거리다 보면 쫓겨날지도 모
릅니다. 아무리 신명기(24:19-21)와 레위기(19:9-10)에서
고아와 과부, 타국인을 배려할 것을 명령하고 있지만,
현실은 그와 사뭇 달랐습니다. 부당한 대우를 받는다 해
도 어쩔 수 없었습니다.

—— 룻 2:13

룻이 이르되 내 주여 내가 당신께 은혜 입기를 원하나

이다 나는 당신의 하녀 중의 하나와도 같지 못하오나

하녀보다 못한 사람이 이방 여인이었습니다. 이런 보잘것없는 여인에게 보아스는 호의와 동정(은혜, 사랑)을 베풀어 주었습니다.

"이삭을 줍기 위해 다른 밭으로 가지 말라
여기에 있으라
나의 소녀들과 함께 있으라
목이 마르거든 소년들이 길어 온 물을 마시라 "(룻 2:8-9)

보아스는 기업 무를 자의 자격으로 룻을 대하고 있지 않습니다. 어떤 책임과 의무적인 태도로 하고 있지 않습니다. 미래에 맺어질 관계를 염두에 두고 행동하는 것도 아닙니다. 단지 은혜와 사랑이 필요한 룻에게 자비를 베풀고 있을 뿐입니다. 유다 땅에서 이방인으로 살아간다는 게 어떤 것인지 알기에, 더구나 시어머니를 봉양하기 위해 치열한 삶의 터전으로 뛰쳐나온 줄 알기에 보아스는 룻을 측은한 마음으로 대하고 있습니다.

룻에 대한 하나님의 배려가 보아스를 통해 이루어지고 있습니다. "내 딸아 들으라"는 말씀은 보아스와 룻의 나이 차이를 보여 주는 구절이기도 하지만, 사랑과 호의(好意)로 다가오시는 하나님의 음성이기도 합니다. 보아스가 이렇듯 룻에게 호의와 은혜를 베푸는 이유가 무엇입니까?

— 룻 2:11

보아스가 그에게 대답하여 이르되 네 남편이 죽은 후로 네가 시어머니에게 행한 모든 것과 네 부모와 고국을 떠나 전에 알지 못하던 백성에게로 온 일이 내게 분명히 알려졌느니라

보아스가 룻에 대한 정보를 갖고 있었기 때문입니다. 보아스가 은혜를 베푸는 것은 룻의 선행 때문만은 아닙니다. 룻은 지금 은혜(사랑)가 꼭 필요한 상태입니다. 자신의 모든 것을 버리고 전에 알지 못하던 백성들(하나

님을 믿는 백성)에게로 왔습니다. 마치 아브라함이 갈대아 우르를 떠난 것과 같습니다. 하나님이 함께하시고, 보호하시고, 은혜를 베풀지 않으면 안 되는 상황입니다. 하나님의 사랑이 필요한 사람이기에 은혜를 베푸는 것입니다.

하나님이 우리에게 사랑과 은혜를 베푸는 것은 우리를 아시기 때문입니다. 하나님의 호의와 은혜가 아니면 살 수 없다는 것을 아시기에 우리를 날마다 사랑 아래 두시는 것입니다.

—— **룻 2:12**

여호와께서 네가 행한 일에 보답하시기를 원하며 이스라엘의 하나님 여호와께서 그의 날개 아래에 보호를 받으러 온 네게 온전한 상 주시기를 원하노라 하는지라

보아스의 눈에 룻은 하나님의 보호와 은혜가 필요한 여인입니다. 고향을 떠나 타국 땅으로 오면서 소유한 것이 아무것도 없습니다. 누군가의 도움 없이는 살 수

없는 사람입니다. 은혜(사랑)로 덮어 주지 않으면 상처 입을 수밖에 없는 여인입니다. 그런 룻을 향해 하나님은 보아스를 통해 사랑으로 덮어 주십니다. 사랑의 날개 아래 거하게 하십니다.

우리 모두는 하나님의 보호하심이 필요한 사람들입니다. 그분의 날개 아래 거할 때 가장 안전합니다. 내 힘으로 살기에는 세상은 너무나 험악합니다. 지키시고 보호하시는 하나님의 도움이 없으면 안전할 수도 평안할 수도 없습니다.

둘째, 보호 아래 있게 하심

—— 룻 2:8-9

8 보아스가 룻에게 이르되 내 딸아 들으라 이삭을 주우러 다른 밭으로 가지 말며 여기서 떠나지 말고 나의 소녀들과 함께 있으라 9 그들이 베는 밭을 보고 그들을 따르라 내가 그 소년들에게 명령하여 너를 건드리지

말라 하였느니라 목이 마르거든 그릇에 가서 소년들이 길어 온 것을 마실지니라 하는지라

보아스는 룻에게 이삭을 줍기 위해 다른 밭으로 가지 말라고 당부합니다. 그러면서 자신의 밭에 머물러 소녀들과 함께 있으라고 합니다. 또한 밭에서 일하고 있는 소년들에게 룻을 건드리지 말라고 명령해 두었습니다. 당시 사회에서 이방 여인은 마음대로 이삭을 주울 수 없었습니다. 율법은 분명 과부와 가난한 자와 타국인을 위해 떨어진 이삭을 남겨 두라 했지만, 그 남겨 둔 이삭도 마음대로 줍지 못했습니다.

"다른 밭으로 가지 말며", "떠나지 말라(경계선을 넘어가지 말라)"는 말은 보아스가 룻을 다른 위협으로부터 보호하기 위함입니다. 이 밭 저 밭의 경계선을 넘나들며 이삭을 주울 경우 이방 여인인 룻의 안전을 보장할 수 없습니다. 그래서 보아스는 룻의 안전을 지키기 위해 자신의 밭의 경계를 넘어가지 말고 그곳에 머물러 이삭을 줍도록 했습니다.

"너를 건드리지 말라 하였느니라"의 "건드리다(נגע
나가)"는 성적인 희롱을 포함하는 단어입니다. 보아스는 자칫 당할 수 있는 육체적 위협으로부터 룻을 보호해 줍니다. 또한 보아스는 룻으로 하여금 소년들이 길어 온 물을 자유롭게 마시게 했습니다. 물을 마시도록 배려한 것은 룻에게 남다른 특권을 부여한 것입니다. 하인들로 하여금 룻에 대한 보아스의 특별한 대우를 알게 한 것입니다. 뿐만 아니라 물을 함께 마신다는 것은 한 공동체의 일원으로 받아들인다는 의미입니다. 이방 땅에서 불안감을 갖고 사는 룻에게 가족 같은 편안함으로 초청하고 있습니다. 하나님의 날개 아래 룻을 초청하여 보호하시는 것입니다.

—— 시 27:5

여호와께서 환난 날에 나를 그의 초막 속에 비밀히 지키시고 그의 장막(하나님의 거처, 하나님이 거하시는 곳) 은밀한 곳에 나를 숨기시며 높은 바위 위에 두시리로다

── 시 91:4

그가 너를 그의 깃으로 덮으시리니 네가 그의 날개 아래에 피하리로다 그의 진실함은 방패와 손 방패가 되시나니

성도는 하나님의 울타리 안에 있을 때 보호 받을 수 있습니다. 울타리를 넘어가면 안전을 보장할 수 없습니다. 하나님은 하나님의 자녀 된 성도들을 그의 날개 아래 두시고 보호하십니다. 적의 공격으로부터, 불안과 공포로부터 안전하게 보호해 주십니다. 하나님의 보호는 속박이 아닙니다. 평안이요, 위로입니다.

셋째, 위로 아래 있게 하심

── 룻 2:13

룻이 이르되 내 주여 내가 당신께 은혜 입기를 원하나이다 나는 당신의 하녀 중의 하나와도 같지 못하오나

당신이 이 하녀를 위로하시고 마음을 기쁘게 하는 말
씀을 하셨나이다 하니라

롯은 진정한 위로가 필요한 사람입니다. 남편이 갑
자기 죽는 일을 겪었습니다. 졸지에 과부가 되었습니다.
정든 고향을 떠나 아는 사람 하나 없는 타국으로 시어머
니와 함께 왔습니다. 금의환향(錦衣還鄉)한 것이 아닙니
다. 부끄러운 모습으로 돌아왔습니다. 무엇을 먹을까, 무
엇을 입을까 걱정해야 합니다. 유다 땅으로 돌아올 때까
지, 아니 보아스의 밭에서 이삭을 줍기까지 롯에게 위로
와 기쁨은 어울리지 않는 사치스러운 단어였습니다. 그
런 것을 생각할 겨를조차 없었습니다. 누구보다 무거운
인생의 짐을 지고 롯은 보아스의 밭으로 나갔습니다. 그
런데 그곳에서 놀랍게도 위로함을 받게 되었습니다.

먹고사는 짐을 벗겨 주셨습니다(8절).
불안의 짐을 벗겨 주셨습니다(9절).
총체적인 고통을 벗겨 주셨습니다(12절).

—— 룻 2:11

보아스가 그에게 대답하여 이르되 네 남편이 죽은 후로 네가 시어머니에게 행한 모든 것과 네 부모와 고국을 떠나 전에 알지 못하던 백성에게로 온 일이 내게 분명히 (נָגַד 나가드: 눈에 띄다, 알게 하다, 말하다) 알려졌느니라(נָגַד 나가드)

같은 단어를 두 번 사용하여 세세히 그리고 정확히 알고 있다는 것을 강조하고 있습니다. 룻의 모든 것을 하나님이 알고 계신다는 것입니다. 단순히 그의 행적만 아시는 것이 아니라, 그의 형편과 중심까지도 모두 알고 계신다는 말입니다.

이것을 누구를 통해 하나님은 말씀하고 있습니까? 보아스라는 인물을 통해 하나님의 위로를 룻에게 전달하고 있습니다.

—— 룻 2:13

룻이 이르되 내 주여 내가 당신께 은혜 입기를 원하나이다 나는 당신의 하녀 중의 하나와도 같지 못하오나

당신이 이 하녀를 위로하시고 마음을 기쁘게 하는 말
씀을 하셨나이다 하니라

"내 주여 내가 당신께 은혜 입기를 원하나이다"보다
"내 주여 내가 당신께 은혜를 입었나이다"라는 표현이
더 잘 어울립니다. 룻은 보아스의 은혜(하나님의 은혜)로
인해 위로를 받았습니다. 참된 위로를 통해 마음에 평안
과 기쁨이 회복되었습니다.

—— 고후 1:3-4

3 찬송하리로다 그는 우리 주 예수 그리스도의 하나님
이시요 자비의 아버지시요 모든 위로의 하나님이시며
4 우리의 모든 환난 중에서 우리를 위로하사 우리로 하
여금 하나님께 받는 위로로써 모든 환난 중에 있는 자
들을 능히 위로하게 하시는 이시로다

룻은 보아스로부터 은혜를 덧입었습니다. 그 은혜
로 인해 룻은 위로를 받고 상실했던 기쁨을 다시 맛보았

습니다. 하나님은 우리의 위로자가 되어 주십니다. 어떻게요? 우리의 형편을 아심으로 우리를 위로하십니다. 그리고 우리의 짐을 하나하나 해결해 주셔서 우리로 하여금 다시 기쁨을 회복하게 하십니다.

하나님은 그의 날개 아래 우릴 두사 사랑하시고 보호하시고 위로하십니다. 성도는 그 날개 아래 있을 때 참된 기쁨을 회복할 수 있습니다. 지금은 슬프고 고난이 있고, 무거운 짐을 지고 있는 것처럼 여겨지지만 하나님은 그 모든 것을 알고 계십니다. 하나님의 울타리 안으로 초청하셔서 위로하십니다. 그리고 하나님 은혜의 울타리 안에 거하길 원하십니다.

 여호와의 날개 아래(룻 2:8-13)

묵상하기

‖‖‖‖‖‖
보아스는 왜 룻에게 다른 밭으로 가지 말라고 했습니까? 보아스의 태도
와 우리 삶에 개입하시는 하나님의 공통점은 무엇입니까? 다른 점이 있
다면 무엇이라고 생각하십니까?

‖‖‖‖‖‖‖
삶 속에서 위로하시는 하나님을 경험한 적이 있다면 생각해 봅시다.

하나님을 알라

룻 2:14-19

인생은 배움의 터전입니다. 성공을 배우고, 실패를 배우고, 희노애락(喜怒哀樂)의 감정을 배웁니다. 배우고 앎으로 인해 우리 삶은 실패에서 성공으로, 눈물에서 기쁨으로 옮겨 갑니다. 더 깊이 알아 가면서 자신의 삶을 돌아볼 뿐 아니라, 타인의 삶에 위안을 주는 인생이 됩니다.

성도는 인생을 통해 철저히 하나님을 배웁니다. 절망의 자리에서도 하나님을 배웁니다. 성공의 자리에서도 하나님의 뜻을 알게 됩니다. 하나님은 모든 영역에서 자신이 어떤 분인지 보여 주심으로 성도를 거룩과 성화라는 목표점에 도달하게 하십니다. 그렇기에 더 깊이 더 많이 아는 사람이 하나님의 기쁨이 될 수 있습니다.

룻기의 시대적 배경은 사사시대입니다. 사사시대는 말씀이 희귀한 시대였습니다. 다시 말하면 하나님을 잘 알지 못한 시대입니다. 그런 시대에 하나님은 이방 여인 룻에게 당신이 어떤 분인지 알려 주십니다. 고난 중에 무작정 하나님을 향해 발걸음을 옮긴 룻에게 하나님은 그녀의 삶 속에서 자신을 계시하십니다. 보아스를 통해 하나님의 위로와 회복을 경험하게 하십니다.

룻을 찾아오신 하나님은 어떤 분입니까?

하나님은 누구인가?

첫째, 차별이 없는 분입니다

—— 룻 2:14

식사할 때에 보아스가 룻에게 이르되 이리로 와서 떡을 먹으며 네 떡 조각을 초에 찍으라 하므로 룻이 곡식 베는 자 곁에 앉으니 그가 볶은 곡식을 주매 룻이 배불리 먹고 남았더라

룻은 점심시간이 되어도 먹을 것이 없었습니다. 어쩌면 아침도 제대로 챙겨 먹지 못했을 것입니다. 유다 땅에서 룻은 이방인으로서 일꾼보다 못한 위치에 있었습니다. 게다가 과부였습니다. 룻이 시어머니를 따라나

설 때만 해도 유대 사회가 이렇게 차별이 심한 곳인 줄 몰랐을 것입니다. 그녀는 지금 시어머니를 따르겠다는 자신의 선택으로 인해 유다 땅 베들레헴에서 가장 비참한 자리에 서 있습니다.

그런 룻을 보아스는 식탁의 자리로 초대합니다. 일꾼과 함께 앉지도 못하는 그녀에게 보아스는 차별이 없는 평등의 자리로 초대합니다.

"이리로 와서 떡을 먹으며 네 떡 조각을 초에 찍으라…
곡식 베는 자 곁에 앉으니"(룻 2:14)

보아스는 한 가족처럼 룻을 대하고 있습니다. 룻은 일꾼들과 같이 떡을 떼며, 같이 초에 찍어 먹습니다. 함께 먹자는 말은 한 가족 공동체의 일원으로 인정하는 초청의 표현입니다. 룻은 이방인이요, 여인이요, 과부였기에 이에 대한 불이익을 감내하기로 마음먹었고, 이미 그 차별을 충분히 느끼고 있었습니다. 그런데 예상치 못한 환대를 받습니다. 보아스의 식탁으로 초청을 받았습니다.

룻은 환대를 통해 하나님의 사랑을 경험하고 있습니다. 하나님은 이웃처럼, 친구처럼, 따뜻한 가족처럼 룻에게 다가오셨습니다. 이방 여인이 아니라 가족으로서 그녀를 환대하셨습니다.

세상에는 갑과 을의 관계가 존재합니다. 높은 자와 낮은 자가 있습니다. 다스리는 자와 다스림을 받는 자가 있습니다. 그러나 교회는 그리스도 예수 안에서 모두가 평등합니다. 부자와 가난한 자, 건강한 자와 병든 자, 유식한 자와 무식한 자, 남자와 여자 등 그 사람이 어떠하든 누구든지 한 몸이요, 교회를 이루는 지체입니다.

—— 고전 12:12-14

12 몸은 하나인데 많은 지체가 있고 몸의 지체가 많으나 한 몸임과 같이 그리스도도 그러하니라 13 우리가 유대인이나 헬라인이나 종이나 자유인이나 다 한 성령으로 세례를 받아 한 몸이 되었고 또 다 한 성령을 마시게 하셨느니라 14 몸은 한 지체뿐만 아니요 여럿이니

   하나님을 알라(룻 2:14-19)

—— 롬 12:4-5

4 우리가 한 몸에 많은 지체를 가졌으나 모든 지체가 같은 기능을 가진 것이 아니니 5 이와 같이 우리 많은 사람이 그리스도 안에서 한 몸이 되어 서로 지체가 되었느니라

하나님은 날마다 룻처럼 소외되고 차별 받는 우리를 하나님의 사랑 공동체 안으로 초대하십니다. 우리를 교회로 초대하십니다. 세상으로부터 이끌어내 차별이 없는 곳, 사랑이 넘치는 곳, 위로와 안식이 있는 그곳에서 하나님을 만나게 하십니다.

둘째, 인격적인 분입니다

—— 룻 2:15-16

15 룻이 이삭을 주우러 일어날 때에 보아스가 자기 소년들에게 명령하여 이르되 그에게 곡식 단 사이에서

줍게 하고 책망하지 말며 16 또 그를 위하여 곡식 다발에서 조금씩(다발에서부터) 뽑아 버려서 그에게 줍게 하고 꾸짖지 말라 하니라

보아스는 일꾼들에게 명령하여 룻이 곡식 단 사이에서 이삭을 줍게 허용합니다. 심지어 곡식 다발에서 조금씩 뽑아내 룻이 이삭을 줍도록 했습니다. 보아스의 배려는 가난한 자를 위한 것입니다. 상대방의 인격과 감정을 깊이 고려한 배려입니다. 단순히 불쌍하게만 여겼다면 그냥 한 다발을 따로 두었다가 주었을 것입니다. 그러나 그것은 룻을 비참하게 만드는 행위입니다. 이는 돕는 것이 아니라, 상처를 주는 일일 수 있습니다. 보아스는 룻이 알지 못하게 조금씩 뽑아 버리도록 해서 룻이 수고해서 이삭을 얻도록 했습니다. 일반적으로 보리 추수 때 이삭이 얼마나 떨어져 있는지, 많은 양인지, 적은 양인지 알지 못합니다. 그냥 떨어진 대로 줍습니다. 보아스의 인격적인 배려 덕분에 룻은 부담 없이, 상처 없이 이삭을 주울 수 있었습니다.

   하나님을 알라(룻 2:14-19)

만약 보아스가 룻을 비인격적으로 대했다면 룻은 유다 땅에서 하나님을 만나기 전에 깊은 상처부터 받았을 것입니다. 그랬다면 이후로 하나님의 사랑과 은혜가 아무리 주어졌어도 받아들이기 힘들었을 것입니다. 룻은 보아스의 인격적인 배려를 통해 인격적인 하나님께 점점 다가가고 있습니다. 정확하게는 하나님이 룻에게 인격적으로 다가오고 계신 것입니다.

인격적인 대우를 받은 사람은 남을 인격적으로 대우할 수 있습니다. 유대인 총회 밖에 있는 이방 여인을 하나님은 인격적으로 배려하고 있습니다. 헤세드(자비)를 찾아온 사람에게 인격적 배려를 통해 하나님의 자비를 느끼게 하십니다.

셋째, 풍성하신 분입니다

—— 룻 2:14, 17-18

14 식사할 때에 보아스가 룻에게 이르되 이리로 와서

떡을 먹으며 네 떡 조각을 초에 찍으라 하므로 룻이 곡
식 베는 자 곁에 앉으니 그가 볶은 곡식을 주매 룻이 배
불리 먹고 남았더라 17 룻이 밭에서 저녁까지 줍고 그
주운 것을 떠니 보리가 한 에바쯤(10오멜, 약 22리터, 21kg)
되는지라 18 그것을 가지고 성읍에 들어가서 시어머니
에게 그 주운 것을 보이고 그가 배불리 먹고 남긴 것을
내어 시어머니에게 드리매

엘리멜렉과 나오미의 가족은 흉년을 만나 고향 땅
베들레헴(떡집)을 떠나 모압으로 갔습니다. 풍성함을 쫓
아 간 것입니다. 그러나 진정한 풍년은 베들레헴에 있었
습니다.

—— 룻 1:6

그 여인이 모압 지방에서 여호와께서 자기 백성을 돌
보시사 그들에게 양식을 주셨다 함을 듣고 이에 두 며
느리와 함께 일어나 모압 지방에서 돌아오려 하여

 하나님을 알라(룻 2:14-19)

나오미와 룻은 떡집에 돌아왔지만 떡에 대한 고민을 해야 했습니다. 떡을 찾아왔지만 베들레헴에서 충분한 떡을 공급 받을 수 없었습니다. 룻이 충분한 떡을 공급 받은 곳은 보아스의 밭에서 식사할 때였습니다. 보아스는 룻의 배고픔을 충족시켜 주었습니다. 점심 한 끼였지만 차고 넘치도록 공급 받았습니다. 남은 볶은 곡식을 시어머니에게까지 가져다 드릴 수 있었습니다. 이렇듯 룻은 첫날 상상하지도 못한 풍성한 대접을 받았습니다.

룻이 하루 밭에서 거둬들인 보리의 양이 한 에바입니다. 한 에바는 쉽게 약 20kg짜리 쌀 한 포대라고 생각하면 됩니다. 보리 이삭을 주워 담은 양이 20kg 정도입니다. 룻은 처음으로 보리 이삭을 줍기 때문에 그 양의 많고 적음을 잘 가늠하지 못합니다.

그러나 시어머니 나오미는 그 양이 얼마나 많은 것인지 알고 있습니다.

—— 룻 2:19

시어머니가 그에게 이르되 ① 오늘 어디서 주웠느냐

② 어디서 일을 하였느냐 ③ 너를 돌본 자에게 복이 있기를 원하노라 하니

나오미는 룻이 주워 온 한 에바를 보고 놀라지 않을 수 없었습니다. 그래서 "오늘 어디서 주웠느냐?"에서 시작해 "어디서 일을 하였느냐?" 그리고 "너를 돌본 자가 누구냐?"라는 질문으로 이어졌습니다. 누군가의 의도적인 도움이 없이는 한 여인이, 그것도 처음 이삭줍기를 하는 이방 여인이 거둘 수 있는 양이 아니었기 때문입니다.

한 에바는 두 식구가 한 달 이상은 먹을 수 있는 양입니다. 나오미는 도움의 손길을 감지했습니다. 정확히 누군지는 모르지만 그 손길이 너무 고맙고 그동안 고생한 것이 순간 보상 받는 것 같았습니다.

하나님은 하나님의 백성을 풍성함으로 채워 주시는 분입니다. 우리의 필요보다 더 많은 것으로 차고 넘치게 주시는 분입니다. 하나님은 정확하고도 세밀하게 채워 주시는 분입니다.

―― 롬 8:32

자기 아들을 아끼지 아니하시고 우리 모든 사람을 위
하여 내주신 이가 어찌 그 아들과 함께 모든 것을 우리
에게 주시지 아니하겠느냐

룻은 보아스의 밭에서 일을 했습니다. 그리고 풍성
함으로 돌아왔습니다. 베들레헴의 풍성함을 비로소 느
끼게 되었습니다. 하나님의 집(유다 베들레헴)에서 하나님
의 풍성함을 경험하게 된 것입니다.

하나님은 현재도 동일하게 우리의 필요에 풍성하실
뿐 아니라, 하나님의 모든 풍성함으로 우릴 인도하시고
채우십니다.

넷째, 능력이 있는 분입니다

―― 룻 2:19

룻이 누구에게서 일했는지를 시어머니에게 알게 하여

이르되 오늘 일하게 한 사람의 이름은 보아스(בֹּעַז 보아즈)니이다 하는지라

룻은 시어머니 나오미에게 자신에게 은혜를 베푼 사람의 이름을 보아스라고 알려 줍니다. 보아스는 히브리어로 '민첩하다, 재빠르다'는 의미입니다. 하지만 룻기에서 보아스라는 이름의 의미는 그런 뜻이 아닙니다. 열왕기상 7장 21절에서 그 뜻이 잘 드러나 있습니다.

── 왕상 7:21

이 두 기둥을 성전의 주랑 앞에 세우되 오른쪽 기둥을 세우고 그 이름을 야긴(제가 세우리라)이라 하고 왼쪽의 기둥을 세우고 그 이름을 보아스(בֹּעַז 보아즈: 그에게 능력이 있다)라 하였으며

성경에 등장하는 보아스라는 이름은 하나님과 관련된 이름입니다. 열왕기에 보면 성전 앞 두 개의 기둥이 등장하고 그중에 하나의 이름이 보아스입니다. 이 이름은

'그에게 능력이 있다'는 의미입니다. 즉 '하나님께 능력이 있다'는 뜻입니다. 기둥을 보고, 그 이름을 부르면서, 사람들은 보아스라는 이름을 들을 때마다 하나님의 전능하심을 상기합니다.

룻기에서 나오미의 친척으로 보아스가 등장하지만, 보아스라는 이름을 통해서 그리고 실제 그 명칭이 지니는 의미를 통해서 우리는 룻기의 사건이 하나님이 하신 일임을 간파할 수 있습니다. 하나님에게 있는 능력이 보아스를 통해 드러나 룻의 삶을 바꾸고 나아가 이스라엘 역사를 새롭게 쓰는 능력이 되었습니다.

성도의 인생은 하나님의 능력 아래 인도됩니다. 룻이라는 연약한 자가 보아스라는 능력 있는 남자를 통해 보호 받고 채워지고 풍성함을 누리듯이, 하나님의 백성은 하나님의 능력 아래서 그 인생이 보호 받고 채워지고 풍성함을 누리게 됩니다. 그러므로 룻이 "오늘 일하게 한 사람의 이름은 보아스니이다"라고 한 말에는 '하나님께서 모든 것을 하셨습니다'는 뜻이 담겨 있습니다. 능력의 하나님이 채우셨다는 고백이라고 할 수 있습니다.

나오미는 이 말을 하나님이 하셨다는 음성으로 들었을 것입니다. 성도가 인생을 통해 고백해야 하는 말도 바로 "주님이 하셨습니다"입니다.

── 시 46:10

이르시기를 너희는 가만히 있어 내가 하나님 됨을 알지어다 내가 뭇 나라 중에서 높임을 받으리라 내가 세계 중에서 높임을 받으리라 하시도다

하나님이 어떤 분인지를 알게 되면 차별 없이 우리를 받아 주시는 하나님의 은혜에 감사할 수밖에 없습니다. 우리를 인격적으로 대우하며 가족으로 대해 주시는 하나님의 사랑에 감격할 수밖에 없습니다. 하나님이 채우시는 풍성함을 누리는 동시에 전능하신 하나님의 손 아래 있다는 사실에 안도하게 됩니다.

신앙인은 그렇게 하나님을 알아 가고 아는 만큼 주님께 자신을 의탁하며 어려운 이 세상을 헤쳐 나갈 힘을 얻습니다.

묵상하기

하나님을 더 깊이 알아가기 위해 어떤 노력을 하고 있습니까?

삶 속에서 풍성하게 채워주시는 하나님을 경험한 적이 있다면 생각해 봅시다.

9

희망의 기지개
룻 2:20-3:5

소망을 잃어버린 채 밑바닥 인생을 사는 사람이 다시 희망을 품고 일어서기는 쉽지 않습니다. 나오미가 그랬습니다. 남편과 두 아들을 잃고 절망의 늪에 빠져 도무지 헤어나오지 못했습니다. 고향 유다 베들레헴으로 돌아왔으나 여전히 인생은 마라와 같습니다.

그런데 나오미가 희망의 기지개를 켜기 시작합니다. 소망의 빛이 나오미의 인생에 찾아오자 그 빛을 향해 니오미는 한 발짝, 한 발짝 발걸음을 옮겨 놓고 있습니다. 나오미의 희망을 향한 기지개를 보면서, 우리 인생에 비친 소망의 빛을 발견하기를 바랍니다.

기지개의 시작: 한 에바와 보아스

—— 룻 2:17, 19-20

17 룻이 밭에서 저녁까지 줍고 그 주운 것을 떠니 보리가 한 에바쯤 되는지라 19 시어머니가 그에게 이르

되 오늘 어디서 주웠느냐 어디서 일을 하였느냐 너를
돌본 자에게 복이 있기를 원하노라 하니 룻이 누구에
게서 일했는지를 시어머니에게 알게 하여 이르되 오
늘 일하게 한 사람의 이름은 보아스니이다 하는지라 20
나오미가 자기 며느리에게 이르되 그가 여호와로부터
복 받기를 원하노라 그가 살아 있는 자와 죽은 자에게
은혜 베풀기를 그치지 아니하도다 하고 나오미가 또
그에게 이르되 그 사람은 우리와 가까우니 우리 기업
을 무를 자 중의 하나이니라 하니라

룻기 1장의 나오미는 희망의 개척자로 인생을 출발
했습니다. 기근을 피해 행복을 찾아 모압으로 갔습니다.
그러나 행복의 땅으로 믿었던 모압에서 희망의 씨앗들
이 하나하나 사라져 갔습니다. 나오미는 절망의 바닥으
로 내팽개쳐졌습니다.

—— **룻 1:20**

나오미가 그들에게 이르되 나를 나오미라 부르지 말고

나를 마라라 부르라 이는 전능자가 나를 심히 괴롭게
하셨음이니라

룻기 2장의 나오미는 무기력한 상태에 빠져 있습
니다. 나오미는 베들레헴에 대해 이방 여인 룻보다 훨씬
더 잘 압니다. 조상의 풍습도, 거주하는 사람들도 잘 압
니다. 나오미가 소매를 걷어붙인다면 룻과 함께 생활하
기는 어렵지 않았을 것입니다. 그런데 나오미는 두문불
출(杜門不出)했습니다. 도리어 아무것도 모르는 며느리를
위험할지도 모르는 일터로 보냈습니다.

—— 룻 2:2

…나오미가 그에게 이르되 내 딸아 갈지어다

그런 나오미가 룻이 주워 온 이삭의 양을 보고 놀라
며 변화되기 시작했습니다.

한 에바는 하루에 주울 수 있는 평균적인 보리 이삭
의 몇 배나 되는 엄청난 양입니다. 나오미는 베들레헴으

로 돌아왔을 때 사람들이 자신을 어떻게 생각하는지 알고 있었습니다. 그들의 입에서 어떤 말이 오고가는지도 알았습니다. 많은 사람들이 나오미를 알아보았지만 그 누구도 나오미의 형편과 처지를 이해하고 도우려 하지 않았습니다. 그래서 나오미는 스스로 '마라'(괴로움)라고 칭하고, 깊은 우울의 벽 속에 자신을 가뒀습니다. 그런데 며느리 룻이 주워 온 보리 한 에바를 보고 자신들을 돕는 자가 있음을 알게 되었습니다. 그것은 우울과 절망의 벽돌 사이로 희망의 빛이 스며드는 것과 같은 사건이었습니다.

나오미는 이 돕는 자가 다름 아닌 자신의 친족 보아스임을 알고 희망의 기지개를 켜기 시작합니다. 그리고 하나님의 축복을 선포하는 선지자의 모습으로 180도 변모했습니다.

—— 룻 2:20

나오미가 자기 며느리에게 이르되 그가 여호와로부터 복 받기를 원하노라 그가 살아 있는 자와 죽은 자에게

 희망의 기지개(룻 2:20-3:5)

은혜 베풀기를 그치지 아니하도다 하고

사실 나오미는 남을 축복할 만한 처지가 아닙니다. 도리어 축복을 받아야 할 사람입니다. 그런 나오미가 보아스를 향해 축복하는 사람으로 서 있습니다.

성도에게 삶의 변화는 도우시는 하나님의 손길을 경험할 때 시작됩니다. 하나님이 우리의 인생 속에 돕는 자(보아스)로 계실 때 그리고 기적(한 에바)과 같은 일을 행하실 때 변화는 시작됩니다.

—— 요 21:5-7

5 예수께서 이르시되 얘들아 너희에게 고기가 있느냐 대답하되 없나이다 6 이르시되 그물을 배 오른편에 던지라 그리하면 잡으리라 하시니 이에 던졌더니 물고기가 많아 그물을 들 수 없더라 7 예수께서 사랑하시는 그 제자가 베드로에게 이르되 주님이시라 하니 시몬 베드로가 벗고 있다가 주님이라 하는 말을 듣고 겉옷을 두른 후에 바다로 뛰어 내리더라

낙심하고 다시 어부의 삶으로 돌아갔던 베드로와 제자들은 수많은 물고기를 잡는 기적을 경험하고 나서 주님께로 돌이켰습니다. 좌절과 낙망의 자리에 앉아 있던 제자들은 그들을 찾아오신 주님으로 인해 회복의 길로 돌이킬 수 있었습니다.

기지개의 진행: 주변 인식

— 룻 3:1

룻의 시어머니 나오미가 그에게 이르되 내 딸아 내가 너를 위하여 안식할 곳을 구하여 너를 복되게 하여야 하지 않겠느냐

1장과 2장을 지나면서 나오미에게 심각한 문제가 생겼습니다. 바로 철저하게 자기중심적인 사람이 되어 버린 것입니다. 모압 여인 룻은 시어머니를 따라 연고도 없는 유다 땅 베들레헴으로 왔습니다. 자신의 신을 버리

     희망의 기지개(룻 2:20-3:5)

고 여호와 하나님을 좇아 왔습니다. 어떻게 보면 나오미 보다 더 힘들고 어려운 사람은 룻입니다. 더 절실히 도움이 필요한 사람입니다.

그런데 어찌된 일인지 룻이 도리어 나오미를 돕고 이끌어 가고 있습니다. 나오미는 자기 문제에 갇혀서 며느리 룻을 돌아보지 못하고 있습니다. 누구 밭으로 이삭을 주우러 가는지, 그곳에서 어떤 몹쓸 일을 당할지 전혀 관심을 두고 있지 않습니다.

그랬던 나오미가 갑자기 며느리 룻을 새롭게 인식합니다.

── **룻 3:1**

내가 너를 위하여 안식할 곳을 구하여 너를 복되게 하여야 하지 않겠느냐

이삭 주우러 보낼 때는 며느리의 안식은커녕 안전에도 관심이 없더니 안식할 곳을 구해야겠다고 말하고 있습니다. 안식할 곳을 구하겠다는 것은 단순히 거처(집)

를 알아보겠다는 의미가 아닙니다. 며느리 룻에게 행복한 삶을 주어야겠다는 의미입니다.

나오미가 오로지 자기에게만 집중했던 시선을 주변으로 확장시키고 있습니다. 보아스가 나오미와 룻의 인생에서 조명되기 시작하자 벌써부터 그들을 비추고 있던 희망의 빛을 비로소 알아보게 되었습니다.

성도는 하나님 은혜에 노출될 때 회복될 수 있습니다. 잃어버린 희망을 품을 수 있습니다. 닫혔던 눈이 비로소 하나님의 은혜로 말미암아 열리게 됩니다. 먼저 자신을 보고, 그다음 내가 속한 환경을 보게 됩니다. 이렇게 나와 내 환경을 제대로 인식하게 되면 희망이 있습니다.

—— **왕하 6:14-17**

14 왕이 이에 말과 병거와 많은 군사를 보내매 그들이 밤에 가서 그 성읍을 에워쌌더라 15 하나님의 사람의 사환이 일찍이 일어나서 나가 보니 군사와 말과 병거가 성읍을 에워쌌는지라 그의 사환이 엘리사에게 말하되 아아, 내 주여 우리가 어찌하리이까 하니 16 대답하

희망의 기지개(룻 2:20-3:5)

되 두려워하지 말라 우리와 함께한 자가 그들과 함께한 자보다 많으니라 하고 17 기도하여 이르되 여호와여 원하건대 그의 눈을 열어서 보게 하옵소서 하니 여호와께서 그 청년의 눈을 여시매 그가 보니 불말과 불병거가 산에 가득하여 엘리사를 둘렀더라

기지개의 종결: 희망의 설계

—— 룻 3:5

룻이 시어머니에게 이르되 어머니의 말씀대로 내가 다 행하리이다 하니라

나오미는 룻을 위해 구체적인 계획을 세웁니다.

"그가 오늘 밤 타작마당에서 보리를 까불리라"(2절)
"목욕하고 기름을 바르고 의복을 입고 내려가서 기다렸다가"(3절)

"보아스가 눕는 곳을 알았다가 그의 발치 이불을 들고 거기 누우라"(4절)

나오미는 세밀하게 희망을 설계합니다. 그리고 며느리 룻으로 하여금 실행에 옮기도록 명령합니다. 희망을 붙들게 하고 있습니다. 왜냐하면 그 희망이 그들에게는 유일한 소망이요, 생명이기 때문입니다. 모압에서 실패한 인생의 마지막 희망은 베들레헴입니다. 소망의 빛이 비추어졌는데, 만약 이것까지 놓친다면 다시는 빛이 없을 것입니다.

3장의 나오미는 1장과 2장에서 보던 모습이 아닙니다. 너무나 적극적으로 변했습니다. 희망의 빛을 보자 놓치지 않기 위해 단단히 붙들 계획을 구체적으로 세우기 시작합니다. 왜냐하면 희망의 가치를 알기 때문입니다. 그 희망을 붙드는 것만이 나오미와 룻에게 유일한 살 길임을 알기 때문입니다.

분명하고도 확실한 희망은 반드시 붙들어야 합니다. 꽉 붙잡고 놓지 말아야 합니다. 나오미는 필사적으

     희망의 기지개(룻 2:20-3:5)

로 보아스를 붙들려고 합니다. 빠져나갈 수 없도록 2중 3중으로 방어막을 구축합니다. 처절한 몸부림 같아 보이지만 지금까지 본 나오미의 모습 중에 가장 현명하고 지혜로운 모습입니다. 붙들어야 삽니다.

성도가 붙들어야 할 유일한 소망은 예수 그리스도입니다. 예수 붙들고 사는 것보다 더 가치 있는 것이 없습니다. 매일 예수 붙들고 살기 위해 철저히 계획하십시오. 말씀으로, 기도로, 하나님의 은혜를 사모함으로 예수를 붙들이야 합니나. 예수는 생명이요, 삶의 능력입니다.

예수께서 이르시되 내가 곧 길이요 진리요 생명이니 나로 말미암지 않고는 아버지께로 올 자가 없느니라

묵상하기

||||||||||

나오미가 '마라'의 상태에서 기쁨을 회복하게 된 계기는 무엇입니까?

||||||||||

지금 내가 처한 환경은 어떠합니까? 룻을 축복한 나오미처럼 내가 축복
해야 할 대상은 누가 있는지 생각해 봅시다.

 희망의 기지개(룻 2:20-3:5)

10

순종으로 희망을 붙잡다

룻 3:5-13

하나님은 우리에게 때때로 수용하기 힘든 순종을 요구하실 때가 있습니다. 아무리 생각해 봐도 받아들이기가 쉽지 않습니다. 피할 수도 없습니다. 하나님이 요구하시는 순종을 피하고서 앞으로 나가는 것은 불가능합니다. 순종이라는 과정을 통과할 때 성도는 성숙한 그리스도인이 됩니다.

순종은 어렵지만 순종의 결과물은 상상 이상입니다. 작은 순종에도 열매는 풍성합니다. 현재를 넘어 미래를 기대하게 하는 원동력은 순종입니다. 지금 순종하면 현실의 문제를 뛰어넘을 수 있습니다. 새로운 시대를 기대할 수 있습니다.

그래서 하나님은 고난 중에 있는 성도에게 희망의 열쇠인 순종을 요구하십니다. 그것도 힘들고 어려울 때 순종을 요구하십니다. 그때 순종하면 희망을 열 수 있습니다. 그래서 순종은 선물입니다.

희망의 삶을 원하십니까? 그렇다면 순종하십시오. 룻의 순종을 배우십시오.

—— **룻 3:5-6**

5 룻이 시어머니에게 이르되 어머니의 말씀대로 내가
다 행하리이다 하니라 6 그가 타작마당으로 내려가서
시어머니의 명령대로 다 하니라

룻으로선 시어머니 나오미의 명령을 받아들이기 쉽
지 않았을 것입니다. 룻은 보아스의 조건 없는 사랑을
받았습니다. 추수하는 일꾼들로부터도 은혜를 입었습니
다. 지금 이대로라면 당분간 먹을 것을 걱정하지 않아도
됩니다. 어머니의 말씀대로 했을 때, 보아스가 룻에게
마음을 줄 수도 있지만, 반대로 마음이 떠나가 지금까지
베푼 은혜마저 거둬 갈지도 모릅니다. 룻은 지금까지 보
아스를 은혜 베푼 자로 알았을 뿐 다른 의도(결혼)를 갖
고 바라보지 않았습니다. 사실 룻은 지금 이대로도 충분
히 만족했습니다.

이에 룻이 보아스의 소녀들에게 가까이 있어서 보리 추수와 밀 추수를 마치기까지 이삭을 주우며 그의 시어머니와 함께 거주하니라

룻은 그럼에도 나오미의 명령에 이견을 제기하지 않습니다. 그냥 100퍼센트 순종합니다. 인간적인 판단이나 셈을 하지 않고 시어머니의 말을 준행합니다. 주저함이 전혀 없습니다.

—— 룻 1:10, 13-14

10 나오미에게 이르되 아니니이다 우리는 어머니와 함께 어머니의 백성에게로 돌아가겠나이다 하는지라(오르바와 룻의 결단) 13 너희가 어찌 그들이 자라기를 기다리겠으며 어찌 남편 없이 지내겠다고 결심하겠느냐 내 딸들아 그렇지 아니하니라 여호와의 손이 나를 치셨으므로 나는 너희로 말미암아 더욱 마음이 아프도다 하매(나오미의 논리적 설득) 14 그들이 소리를 높여 다시 울더니 오르바

는 그의 시어머니에게 입 맞추되 룻은 그를 붙좇았더라
(룻의 변함없음: 조건을 따지지 않는 모습, 이해타산을 생각하지 않음)

과거 남편이 죽었을 때도 룻은 주저함이 없었습니다. 이해타산(利害打算)을 고려하지 않고 곧바로 실행했습니다. 룻이 지금 살고 있는 곳은 유다 땅입니다. 만나는 사람들도 유대인들입니다. 특히 자신에게 은혜를 베풀고 있는 사람은 나오미의 친족 보아스입니다. 룻이 따져 보고 판단해 볼 상황이 아닙니다. 유대인들과 보아스를 잘 아는 어머니의 말씀에 순종하는 것이 유익임을 알았습니다.

하나님은 우리 인생을 만드시고 계획하시고 이끄시는 분입니다. 그분의 말씀 앞에서 우리가 할 일은 절대 순종입니다. 순종이 이익이 될까? 당연히 이익이 됩니다. 우리에게 좋은 것일까? 당연히 좋은 것입니다. 하나님은 가장 좋은 것으로 주시고 인도하십니다. 무조건 하나님의 말씀에 순종할 때 희망의 꽃은 피어납니다.

── 창 22:2, 10

2 여호와께서 이르시되 네 아들 네 사랑하는 독자 이삭을 데리고 모리아 땅으로 가서 내가 네게 일러 준 한 산 거기서 그를 번제로 드리라 10 손을 내밀어 칼을 잡고 그 아들을 잡으려 하니

순종하기 힘든 것까지도 순종할 때 우리의 믿음이 자랍니다. 100퍼센트 순종은 하나님의 기적을 만듭니다.

왜 순종했나: 공동체의 유익

── 룻 3:9

이르되 네가 누구냐 하니 대답하되 나는 당신의 여종 룻이오니 당신의 옷자락을 펴 당신의 여종을 덮으소서 이는 당신이 기업을 무를 자가 됨이니이다 하니

룻이 시어머니의 명령에 순종하는 이유가 있습니

다. 룻은 자신보다 엘리멜렉의 가문을 우선하여 순종했습니다. 룻은 젊은 여인입니다. 거절할 수 있습니다. 그러나 룻에게도 기준이 있었습니다.

──── 룻 3:10

네가 가난하건 부하건 젊은 자를 따르지 아니하였으니

시어머니의 제안은 나이 많은 보아스에게로 들어가라는 것이었습니다. 룻은 보아스의 재력 때문에 순종하지 않았습니다. 보아스가 기업 무를 자였기에 그에게 들어간 것입니다. 기업 무를 자는 룻에게 있어 남편이기 전에 먼저 무너진 가문을 일으킬 수 있는 사람이었습니다.

룻이 자기만 생각했다면 아무리 보아스가 재력가라도 시어머니의 명령에 선뜻 순응하지 않았을 것입니다. 룻은 먼저 가문과 어머니를 생각했습니다. 이미 모압을 떠날 때 '나'라는 존재는 내려놓았습니다. 나보다 너, 우리를 먼저 생각하였기에 베들레헴으로 올라온 것입니다.

룻은 보아스에게 자신을 '당신의 여종'(אָמָה 아마; 하녀, 여자 노예)이라고 소개하고 있습니다. 앞서 2장 13절에서는 '당신의 하녀'(שִׁפְחָה 쉬프하)라고 했습니다. 2장에서 '하녀'는 그야말로 노예, 몸종을 의미합니다. 하지만 3장에서 '여종'은 시첩으로 결혼을 염두에 둔 의미입니다. 룻이 이렇게 자신을 소개하는 것은 결혼이 목적이라기보다 결혼을 함으로써 무너진 가문을 회복하려는 데 있습니다. 그런 까닭에 보아스가 룻을 칭찬했습니다.

—— **룻 3:10**

네가 베푼 인애가 처음보다 나중이 더하도다

보아스는 룻의 행동이 단순히 현재만이 아니라 먼 장래를 위한 것임을 알았습니다. 자신을 희생하여 가문을 다시 일으키고자 하는 룻의 마음이 보아스의 눈에 아름답게 보입니다.

우리는 대체로 나의 유익을 위해 순종합니다. 그러나 룻을 포함한 성경의 인물들은 자신의 유익보다 공동체의 유익을 위해 순종했습니다. 순종에는 희생이 따랐지만 그럼에도 그 길을 갔습니다.

── 에 4:15-16

15 에스더가 모르드개에게 회답하여 이르되 16 당신은 가서 수산에 있는 유다인을 다 모으고 나를 위하여 금식하되 밤낮 삼 일을 먹지도 말고 마시지도 마소서 나도 나의 시녀와 더불어 이렇게 금식한 후에 규례를 어기고 왕에게 나아가리니 죽으면 죽으리이다 하니라

멸절 위기에 처한 동족 이스라엘을 구하기 위해 에스더는 죽음을 각오하고 왕 앞으로 나아갔습니다. 자신보다 나라가 더 소중했습니다. 에스더의 희생은 결국 이스라엘 전체를 구원하게 되었습니다.

룻의 순종은 결국 가문을 일으켰습니다.

순종의 유익: 확실한 약속

이 밤에 여기서 머무르라 아침에 그가 기업 무를 자의
책임을 네게 이행하려 하면 좋으니 그가 그 기업 무를
자의 책임을 행할 것이니라 만일 그가 기업 무를 자의
책임을 네게 이행하기를 기뻐하지 아니하면 여호와께
서 살아 계심을 두고 맹세하노니 내가 기업 무를 자의
책임을 네게 이행하리라 아침까지 누워 있을지니라 하
는지라

보아스는 룻이 왜 그렇게 행동하는지 그 이유를 알
았습니다. 그리고 룻이라는 여인이 얼마나 현명한 여인
인지도 알았습니다. 그래서 룻에게 기업 무를 자의 책임
을 약속합니다. 자기보다 가까운 사람이 있기에 그가 책
임을 다한다면 좋지만 혹여 그렇지 않을 경우 자신이 반
드시 그 책임을 감당하겠다고 약속합니다.

보아스의 약속은 룻에게 뿐만 아니라, 이제 '마라'

의 인생을 벗어나려고 기지개를 켜는 나오미에게 더 큰
의미가 있습니다. 보아스의 약속은 기쁨의 인생을 향한
문을 여는 열쇠와 같습니다.

어떻게 이 열쇠가 룻과 나오미에게 주어졌습니까?
나오미의 기발한 책략이 아닌, 이방 여인 룻의 순종 때
문입니다. 자기를 희생하고 가문을 위한 절대적 순종 때
문에 룻과 나오미에게 이런 희망의 열쇠가 주어진 것입
니다. 룻은 이제 두렵지 않습니다. 둘 중 한 사람은 분명
기업 무를 자의 책임을 다할 것이기 때문입니다. 분명한
약속이 있고, 이 약속이 반드시 성취되리라는 믿음이 있
기에 살 소망이 생긴 것입니다.

—— **이사야 1:19**

너희가 즐겨 순종하면 땅의 아름다운 소산을 먹을 것
이요

순종은 성도로 하여금 하나님의 약속을 더 견고하
게 붙들게 하는 도구입니다. 하나님은 순종을 통해 성도

를 하나님께로 더 가까이 나아오게 하십니다.

만약 룻이 시어머니 나오미의 말에 순종하지 않았다면 어떻게 되었을까요? 영원히 엘리멜렉의 가문은 역사 속에서 사라졌을 것입니다.

순종이 희망의 열쇠입니다.

 순종으로 희망을 붙잡다(룻 3:5-13)

묵상하기

고난 중에 순종한 경험이 있습니까? 순종하여 받은 선물을 생각해 봅시다.

교회는 각각의 지체가 모인 공동체입니다. 나의 유익보다 공동체의 유익을 위하여 순종하고 헌신한 경험이 있다면 생각해 봅시다. 그로 인하여 어떤 유익이 있었는지도 함께 생각해 봅시다.

Part 3

회복:
온 세상의
기쁨

11

아직 아닌 '그때'

룻 3:11-18

하나님은 성도가 믿음의 확신 위에 서길 원하십니다. 그렇게 되기까지 하나님은 성도를 연단하거나 훈련하십니다. 하나님의 연단과 훈련 중 하나가 기다림입니다. 될 듯 말듯 애가 타는 상황에서 그리스도인은 오래 기다림으로 성숙해 갑니다. 기다림은 믿음을 견고케 하는 하나님의 방법입니다.

룻기를 통해 우리는 기다림을 배우게 됩니다. 그리고 기다릴 수 있는 힘이 무엇인지도 배우게 됩니다.

왜 기다려야 하나?

—— **룻 3:12**

참으로 나는 기업을 무를 자이나 기업 무를 자로서 나보다 더 가까운 사람이 있으니

룻은 시어머니의 말에 순종하여 보아스의 발치에

누웠습니다. 그리고 보아스에게 자신이 왜 그렇게 행동하는지 그 이유도 설명했습니다.

"당신이 기업을 무를 자가 됨이니이다."

보아스는 이런 룻에게 기대감을 가질 만한 대답을 합니다.

—— 룻 3:11

그리고 이제 내 딸아 두려워하지 말라 내가 네 말대로 네게 다 행하리라 네가 현숙한 여자인 줄을 나의 성읍 백성이 다 아느니라

룻은 순간 기대감과 소망으로 가슴이 뛰었습니다. 지금까지의 고난이 한순간에 사라지는 것 같았습니다. 그런데 다음 순간 그 기대는 물거품이 되어 버렸습니다.

—— 룻 3:12

참으로 나는 기업을 무를 자이나 기업 무를 자로서 나보다 더 가까운 사람이 있으니

　　　　　　　　　아직 아닌 '그때'(룻 3:11-18)

어쩌면 룻이 시어머니 나오미의 말에 순종한 이유 중 하나는 그 대상이 보아스였기 때문인지도 모릅니다. 보리 이삭을 주우면서 보아스의 인품을 어느 정도 알게 되었습니다. 가난한 자와 약한 자를 돌아보는 따뜻한 마음의 소유자였습니다. 비록 나이가 많았지만 누군가를 돌아볼 줄 아는 좋은 사람이었습니다. 그런 보아스라면 괜찮겠다고 생각했을지도 모릅니다.

그런데 룻은 뜻밖의 사실에 직면하게 됩니다. 보아스보다 더 기까운 기입 무를 자가 있다는 것입니다. 하나님은 룻에게 바로 응답을 주시지 않고 기다림을 배우게 하십니다. 인내하는 과정을 거치게 하십니다. 믿음의 연단을 위해 한 번 더 다듬고 계십니다.

룻으로선 이 뜻밖의 사실이 절망적으로 들렸을지도 모릅니다. 순간 부끄럽고 다 포기하고 싶었을지도 모릅니다. 이 밤에 일어나 나오미에게 갈 수도 없고, 그렇다고 계속 보아스 곁에 머물러 있기도 난감한 상황입니다. 마음 같아선 당장이라도 그 자리를 벗어나고 싶었겠지만, 룻은 새벽녘까지 보아스의 발치에 누워 있었습니다.

자신이 여기에 온 이유를 다시 마음에 새겼습니다.

13 아침까지 누워 있을지니라 하는지라 14 룻이 새벽까지 그의 발치에 누웠다가

룻이 보아스의 발치에서 떠나지 않은 것은 자신이 무엇 때문에 이 자리까지 왔는지 알기 때문입니다. 결혼할 한 남자를 찾고 있는 것이 아닙니다. 엘리멜렉의 가문을 위해 기업 무를 자를 찾고 있습니다. 그렇기에 부끄러움도 자존심도 내려놓을 수 있었습니다. 다시 그날을 기다리며 발치에 누운 것입니다. 아직 목적이 남아 있습니다. 희망이 완전히 사라지지는 않았습니다. 그래서 기다릴 수 있습니다.

기다림은 우리의 믿음을 더 견고하게 하는 시간입니다. 뿐만 아니라, 우리의 간절함의 정도와 목적의 중요성을 다시 확인하는 시간입니다. 기다림은 희망입니다.

—— 시 40:1-2

1 내가 여호와를 기다리고 기다렸더니 귀를 기울이사 나의 부르짖음을 들으셨도다 2 나를 기가 막힐 웅덩이와 수렁에서 끌어올리시고 내 발을 반석 위에 두사 내 걸음을 견고하게 하셨도다

기다릴 수 있는 이유: 약속에 대한 확신

—— 룻 3:15, 17

15 보아스가 이르되 네 겉옷을 가져다가 그것을 펴서 잡으라 하매 그것을 펴서 잡으니 보리를 여섯 번 되어 룻에게 지워 주고 성읍으로 들어가니라 17 이르되 그가 내게 이 보리를 여섯 번 되어 주며 이르기를 빈손으로 네 시어머니에게 가지 말라 하더이다 하니라

보아스는 자기보다 더 가까운 기업 무를 자가 있다면서, 만일 그가 자신의 권리를 포기하면 반드시 그 권

리를 대신 이행하겠다고 약속합니다.

이 밤에 여기서 머무르라 아침에 그가 기업 무를 자의
책임을 네게 이행하려 하면 좋으니 그가 그 기업 무를
자의 책임을 행할 것이니라 만일 그가 기업 무를 자의
책임을 네게 이행하기를 기뻐하지 아니하면 여호와께
서 살아 계심을 두고 맹세하노니 내가 기업 무를 자의
책임을 네게 이행하리라

보아스는 자신의 약속 이행을 보증하기 위해 세 가
지 행동을 합니다.

1) 새벽까지 함께하다

"룻이 새벽까지 그(보아스)의 발치에 누웠다가"(룻 3:14)

보아스는 그 밤에 룻과 함께했습니다. 이러지도 저
러지도 못하는 룻을 붙들어 주었습니다. 보아스가 룻과

 아직 아닌 '그때'(룻 3:11-18)

함께한 것은 약속을 이행하겠다는 일종의 보증 같은 것이었습니다. 끝까지 책임지겠다는 확실한 증표입니다.

2) 보리를 여섯 번 되어 주다

"보아스가 이르되 네 겉옷을 가져다가 그것을 펴서 잡으라 하매 그것을 펴서 잡으니 보리를 여섯 번 되어 룻에게 지워 주고 성읍으로 들어가니라… 이르되 그가 내게 이 보리를 여섯 번 되어 주며 이르기를 빈손으로 네 시어머니에게 가지 말라 하더이다 하니라"**(룻 3:15, 17)**

보아스는 자신이 기업 무를 자로서 책임을 다하겠다는 것을 보리 여섯 번으로 보증했습니다. 룻은 그 의미가 무엇인지도 모르고 있었던 일을 그대로 시어머니 나오미에게 말했으나, 나오미는 보리 여섯 번을 듣고 단번에 그 의미를 알아차렸습니다. 나오미는 2장에서도 룻이 보리 이삭 한 에바를 가져오자 정신이 번쩍 들었습니다. 그것은 단순한 동정이 아니라 은혜임을 알았기 때문입니다. 마찬가지로 보리 여섯 번을 듣고 그것이 일반적인 일이 아님을 알아차렸습니다. 성경은 굳이 에바로 말하지 않고 횟수로 말하고 있습니다. 그것도 두 번이나 강조하고 있습니다.

나오미는 보아스가 주었다는 말을 듣는 순간 이렇게 응대합니다.

—— 룻 3:18

이에 시어머니가 이르되 내 딸아 이 사건이 어떻게 될지 알기까지 앉아 있으라 그 사람이 오늘 이 일을 성취하기 전에는 쉬지 아니하리라 하니라

나오미는 확신을 가지로 이렇게 말하고 있습니다. 단순히 결과가 나올 때까지 기다리라는 말이 아닙니다. 나오미는 보아스가 반드시 이행할 것을 확신했습니다. 그래서 "그 사람이 오늘 이 일을 성취하기 전에는 쉬지 아니하리라"고 한 것입니다.

3) 아침 일찍 기업 무를 자를 만나러 가다

"룻에게 지워 주고 성읍으로 들어가니라"(룻 3:15)

룻에게 보리 여섯을 지워 보낸 후 보아스는 1차 기업 무를 자를 만나기 위해 성읍으로 들어갔습니다. 말로 한 약속을 행동으로 옮겨 실행하고 있습니다.

하나님은 성도들로 하여금 무작정 기다리도록 하지 않으십니다. 확신 속에, 말씀을 붙들고 기다리게 하십니다. 믿음이 연약해질 때마다 약속을 상기시켜 다시 확신하도록 하십니다.

—— 창 15:3-4

3 아브람이 또 이르되 주께서 내게 씨를 주지 아니하셨으니 내 집에서 길린 자가 내 상속자가 될 것이니이다 4 여호와의 말씀이 그에게 임하여 이르시되 그 사람이 네 상속자가 아니라 네 몸에서 날 자가 네 상속자가 되리라 하시고

하나님은 아브라함이 약속에 대한 믿음이 약해질 때마다 다시 상기시켜 그 약속을 붙들게 하셨습니다.

기다림의 유익: 반드시 이루리라

──— 룻 3:18

이에 시어머니가 이르되 내 딸아 이 사건이 어떻게 될지 알기까지 앉아 있으라 그 사람이 오늘 이 일을 성취하기 전에는 쉬지 아니하리라 하니라

보아스는 신랑되시는 주님으로, 룻은 신부된 교회를 상징하는 인물입니다. 보아스는 자신의 약속을 지키기 위해 이른 아침부터 성읍으로 들어갔습니다. 보아스가 이렇게 행동하는 것은 일차적으로 기업 무를 자가 이행해야 하는 하나님의 율법 때문입니다. 그러나 보아스는 이행 순위 두 번째입니다. 2순위가 이렇듯 서둘러 이행하려는 것은 룻을 긍휼이 여기는 마음 때문입니다. 하

    아직 아닌 '그때'(룻 3:11-18)

나님의 마음, 자비와 긍휼의 마음 때문에 보아스는 2순위이지만 기업 무를 자의 책임을 다하고 있습니다.

보아스는 자신의 약속을 이루기까지 쉬지 않습니다. 룻은 아직 결과를 보지 못했지만 나오미는 보아스가 반드시 시행할 것을 확신했습니다. 그래서 쉬지 않고 이루겠다고 한 것입니다.

하나님이 이런 분이기에 우리는 기다릴 수 있습니다. 쉽게 이루어지지 않아도 때로는 기약 없이 기다리는 것처럼 보여도 기다릴 수 있습니다. 하나님은 우리로 하여금 약속을 기억하게 하시며 친히 이루어 가십니다. 반드시 이루실 분이기에 우리는 기다릴 수 있습니다.

—— 사 14:24

만군의 여호와께서 맹세하여 이르시되 내가 생각한 것이 반드시 되며 내가 경영한 것을 반드시 이루리라

기다림을 좋아하는 사람은 없습니다. 그러나 성도는 기다림을 즐길 수 있어야 합니다. 왜냐하면 기다림은

성도의 필수 항목이기 때문입니다. 기다림은 기다림 자체로 끝나지 않습니다. 기다림은 성도로 하여금 약속을 붙들게 하고, 후에는 반드시 그에 상응하는 보상이 따르게 합니다. 신앙인의 기다림은 시간 낭비가 아닌 절대적 유익임을 명심하십시오.

 아직 아닌 '그때'(룻 3:11-18)

묵상하기

||||||||

보아스가 기업 무를 자를 만나러 갔을 때 룻이 느꼈을 기분에 대해 생각해 봅시다. 만약 내가 룻의 상황이었다면 어떠했을 지도 함께 생각해 봅시다.

|||||||||

룻과같이 인내하고 기다림으로 인하여 받은 축복이 있다면 그 경험을 생각해 봅시다.

12

측은지심 惻隱之心

룻 3:8-18

하나님은 우리를 더 높은 믿음의 단계로 성숙시키고자 한 번 더 기다리게 하십니다. 그러나 기다림은 오래지 않습니다. 하나님의 목표점에 이르면, 하나님의 때가 이르면 응답은 속히 이뤄집니다. 기다림은 길지만 응답은 빠릅니다.

무엇이 하나님의 마음을 움직이게 하였을까요? 기다림을 넘어 하나님의 응답으로 이어지는 원인은 무엇일까요? 어떻게 하면 기다림에서 응답으로 나아갈 수 있을까요?

사람들은 항상 복잡하게 생각합니다. 그러나 의외로 그 대답은 간단합니다. 보아스의 행동을 유발시킨 단순한 원인들이 곧 우리를 향한 하나님의 마음입니다.

보아스는 왜 스스로 어리석어졌는가?

첫째, 기업 무를 자이기 때문에

9 이르되 네가 누구냐 하니 대답하되 나는 당신의 여종 룻이오니 당신의 옷자락을 펴 당신의 여종을 덮으소서 이는 당신이 기업을 무를 자가 됨이니이다 하니 13 이 밤에 여기서 머무르라 아침에 그가 기업 무를 자의 책임을 네게 이행하려 하면 좋으니 그가 그 기업 무를 자의 책임을 행할 것이니라 만일 그가 기업 무를 자의 책임을 네게 이행하기를 기뻐하지 아니하면 여호와께서 살아 계심을 두고 맹세하노니 내가 기업 무를 자의 책임을 네게 이행하리라

보아스는 엘리멜렉의 친족입니다. 일차적인 기업 무를 자가 있지만 보아스 역시 기업 무를 자임에 틀림 없습니다. 당시 사회에선 기업 무를 자가 반드시 책임을 이행해야 하는 것은 아니었습니다. 하지만 보아스는 누

군가는 반드시 이행해야 한다는 책임감을 느꼈습니다.
이미 보아스는 룻에 대한 소문을 들었습니다.

── 룻 2:11

보아스가 그에게 대답하여 이르되 네 남편이 죽은 후
로 네가 시어머니에게 행한 모든 것과 네 부모와 고국
을 떠나 전에 알지 못하던 백성에게로 온 일이 내게 분
명히 알려졌느니라

보아스는 자신의 발아래 누워 있는 룻이라는 여인
이 어느 나라 사람인지, 누구의 며느리인지 이미 들어
알고 있습니다. 즉 자신이 룻이라는 여인과 무관하지 않
음을 알고 있습니다. 하지만 보아스는 룻이 한 이불 속
에 들어오기까지 먼저 기업 무를 자라는 사실을 밝히지
않습니다. 극단적인 상황에 이르기까지 보아스는 자신
의 책임을 적극적으로 이행하지 않고 대신에 룻과 나오
미를 돕는 조력자로서 역할을 하고 있었습니다. 어쩌면
보아스는 언젠가 기업 무를 자로서 책임을 져야 한다고

생각했을지도 모릅니다. 그런데 왜 갑자기 적극적으로 책임을 지기로 마음을 바꾸었을까요?

이방의 젊은 여인이 부끄러움을 무릅쓰고 자기를 희생해서 가문을 일으키고자 했기 때문입니다. 기업 무를 자를 찾아 그 책임을 호소하기 위해 발아래 들어왔을 때, 보아스는 자신의 책임을 다하고자 결단했습니다. 이유는 간단합니다. 하나님이 보아스로 하여금 기업 무를 자라는 책임 의식을 갖게 하셨기 때문입니다. 율법 역시 기업 무를 자의 책임을 요구하고 있으므로 보아스는 그것을 따르기로 마음먹었습니다.

하나님이 우리에게 응답하시는 것은 우리가 자격이 있거나 선하기 때문이 아닙니다. 하나님이 우리를 자녀 삼아 주셨고, 우리의 아버지가 되기로 결정하셨기에 자녀의 요구에 응답하시는 것입니다. 일차적으로 하나님이 우리의 기업 무를 자가 되어 주셨기 때문입니다. 그리고 그것을 하나님이 스스로 기뻐하셨기 때문에 응답하십니다. 이차적으론 요구할 권리(자녀됨)를 우리에게 주셨습니다. 그렇기에 자녀들이 기업 무를 자인 하나님

   측은지심(惻隱之心)(룻 3:8-18)

께 책임을 요청하면 그것으로 인해 하나님은 우리에게 응답하시는 것입니다.

── 요 1:12

영접하는 자 곧 그 이름을 믿는 자들에게는 하나님의 자녀가 되는 권세를 주셨으니

둘째, 측은지심(惻隱之心) 때문에

── 룻 3:9, 13

9 이르되 네가 누구냐 하니 대답하되 나는 당신의 여종 룻이오니 당신의 옷자락을 펴 당신의 여종을 덮으소서 (보호하다, 부끄러움을 감추다) 13 여호와께서 살아 계심을 두고 맹세하노니 내가 기업 무를 자의 책임을 네게 이행하리라

룻은 자신의 모든 것, 자존심, 수치심, 미래를 내려

놓고 한 남자의 발아래 몰래 누웠습니다. 당시 문화에서 여인이 남자의 이불 속으로 들어간다는 것이 무엇을 뜻하는지 룻은 잘 알고 있었습니다. 보아스가 다른 마음을 먹었다면 그 결과를 룻에게 책임 전가할 수도 있습니다.

—— 창 38:8-10

8 유다가 오난에게 이르되 네 형수에게로 들어가서 남편의 아우 된 본분을 행하여 네 형을 위하여 씨가 있게 하라 9 오난이 그 씨가 자기 것이 되지 않을 줄 알므로 형수에게 들어갔을 때에 그의 형에게 씨를 주지 아니하려고 땅에 설정하매 10 그 일이 여호와가 보시기에 악하므로 여호와께서 그도 죽이시니

수혼(嫂婚)제도로 인해 형의 대를 이어 나갈 책임이 있는 오난은 형수인 다말을 취하였으나 그 책임을 다하지 않았습니다. 수혼제도를 육의 욕망을 채우는 도구로 악용했습니다.

보아스 역시 오난처럼 할 수 있었습니다. 룻을 정숙

하지 못한 여인으로 몰아붙일 수도 있었습니다. 하지만 보아스는 자신을 희생하면서까지 가문을 일으키려는 룻의 중심을 보고 그녀를 긍휼히 여겼습니다. 보아스는 룻을 불쌍히 여김으로 그녀가 부끄럽지 않도록 발아래 누워 있도록 배려했고 또 그녀를 보호하기 위해 소문나지 않도록 행동했습니다. 더 나아가 기업 무를 책임을 다하기로 결심했습니다.

── 룻 3:13-14

13 아침까지 누워 있을지니라 하는지라 14 룻이 새벽까지 그의 발치에 누웠다가

하나님께서 우리에게 응답하시는 이유는 우리를 불쌍히 여기시기 때문입니다. 우리의 가진 것과 능력, 지위를 보고 응답해 주시는 것이 아닙니다. 마땅히 응답해 주시는 것이 아니라, 그냥 우리를 불쌍히 여겨 긍휼을 베풀고자 응답하시는 것입니다.

183

—— 마 9:13

너희는 가서 내가 긍휼을 원하고 제사를 원하지 아니하노라 하신 뜻이 무엇인지 배우라 나는 의인을 부르러 온 것이 아니요 죄인을 부르러 왔노라 하시니라

셋째, 당신의 행복한 삶을 위해

—— 룻 3:11, 13, 18

11 그리고 이제 내 딸아 두려워하지 말라 내가 네 말대로 네게 다 행하리라 13 이 밤에 여기서 머무르라… 아침까지 누워 있을지니라 하는지라 18 이에 시어머니가 이르되 내 딸아 이 사건이 어떻게 될지 알기까지 앉아 있으라 그 사람이 오늘 이 일을 성취하기 전에는 쉬지 아니하리라 하니라

보아스는 룻의 입장과 처지를 이해했습니다. 그래서 룻에게 두려워 말라고 했습니다. 또한 룻을 취할 수

없는 자신의 입장을 설명하고 충분히 배려하여 룻을 그 밤에 그곳에 머물게 했습니다. 그러나 룻은 평안하지 않습니다. 평안할 수 없습니다. 생각지도 못한 상황이 전개되었기 때문입니다. 더 가까운 친족이 있음을 알고 당황스러웠습니다. 보아스가 아닌 다른 사람이 기업 무를 책임을 다한다면 앞으로 보아스 볼 일이 큰일입니다. 이런저런 생각으로 룻은 편하지 않습니다. 표현은 다르지만 평안과 안식을 내포하고 있는 단어들이 보아스의 입을 통해 룻에게 전달되었지만 룻은 참된 평안을 누릴 수 없습니다.

보아스는 룻의 이런 심정을 잘 알고 있습니다. 그래서 아침 일찍 일어나 기업 무를 자의 책임을 이행하고자 서둘렀습니다. 보아스는 그 일이 성취될 때까지 쉴 수 없었습니다. 룻이 지금 참된 쉼을 누리고 있지 않음을 알기 때문입니다. 보아스는 룻에게 쉼을 주길 원합니다. 두려움과 부끄러움이 모두 사라진 참 행복을 선사하고 싶습니다. 보아스는 룻이 평안을 얻을 때까지 부지런히 다닐 것입니다.

12 이스라엘아 네 하나님 여호와께서 네게 요구하시는 것이 무엇이냐 곧 네 하나님 여호와를 경외하여 그의 모든 도를 행하고 그를 사랑하며 마음을 다하고 뜻을 다하여 네 하나님 여호와를 섬기고 13 내가 오늘 네 행복을 위하여 네게 명하는 여호와의 명령과 규례를 지킬 것이 아니냐

하나님은 성도들이 참 안식을 누리길 원하십니다. 복잡함을 벗어나, 주님이 주시는 참된 쉼을 누리길 원하십니다. 신앙 안에서 행복한 삶을 살기를 바라십니다. 그래서 우리를 만나 주시고 말씀하시고 응답하십니다. 성도들이 진정한 평안을 누릴 때까지 하나님은 일하실 것입니다. 주 안에서 쉼을 누릴 때까지 하나님은 쉬지 않으실 것입니다.

묵상하기

||||||||

룻이 발치로 들어왔을 때 보아스가 느꼈을 기분에 대해 생각해 봅시다.
만약 내가 보아스의 상황이었다면 어떠했을 지도 함께 생각해 봅시다.

||||||||

하나님이 원하시는 참 안식이란 무엇일까요? 그 쉼을 누리기 위해서 우
리는 어떻게 해야 합니까?

13

똑똑한 아무개 vs. 어리석은 보아스

룻 4:1-10

현대 사회는 똑똑한 자가 대접 받고 인정받습니다. 당연합니다. 그러나 신앙의 세계에서는 반드시 그렇지 않습니다. 똑똑함도 필요하지만 때로는 어리석음이 필요합니다. 하나님은 세상의 사람처럼 지혜롭고 똑똑하기보다 세상에는 어리석고 하나님께는 지혜로운 사람을 필요로 하십니다. 신앙 안에서 스스로 바보가 된 어리석은 자를 더 사랑하십니다. 보아스처럼 말입니다.

세상적으로 똑똑한 아무개

—— **룻 4:1**

보아스가 성문으로 올라가서 거기 앉아 있더니 마침 보아스가 말하던 기업 무를 자가 지나가는지라 보아스가 그에게 이르되 아무개여 이리로 와서 앉으라 하니 그가 와서 앉으매 보아스는 아침 일찍 성문으로 나갔습니다. 하루가 지나기 전에 해결해야 할 중요한 일이 있었습니다. 그것은 기업 무를 자를 찾아 책임 이행 여부를 확인하는 것이었습니다. 마침 보아스가 기다리던 엘리멜렉의 친족이 성문에 도착했습니다. 그런데 그를 '아무개여'라고 부르고 있습니다.

알다시피 베들레헴은 큰 도시가 아닙니다. 아주 작은 도시입니다(미 5:2). 처음 이주해 온 사람이 아닌 이상 웬만한 사람은 누가 누군지 다 압니다. 그리고 보아스와 기업 무를 자는 가까운 친척입니다. 이름을 모를 리 없습니다. 분명히 알고 있지만 성경의 저자는 굳이 그를 아무개라고 부르고 있습니다. 추측해 보건대 이름과 다른 인생을 살았을 수 있습니다.

'아무개'의 인생 가치관은 신앙적 방향과 달랐습니다. 아무개의 인생 철학은 철저히 경제 원리에 따르는 것이었습니다. 자신에게 유익이 되느냐 되지 않느냐를 따져 보고 유익이 된다면 무엇이든 하고, 그렇지 않으면 움직이지 않는 사람입니다.

　　　　똑똑한 아무개 vs. 어리석은 보아스(룻 4:1-10)

보아스는 성문에서 만난 아무개에게 엘리멜렉에 대한 기업 무를 권리를 행사해 줄 것을 요구합니다.

—— **룻 4:3**

보아스가 그 기업 무를 자에게 이르되 모압 지방에서 돌아온 나오미가 우리 형제 엘리멜렉의 소유지를 팔려 하므로

기업 무를 자, 아무개는 보아스가 예상했던 대답을 내놓았습니다.

—— **룻 4:4**

내가 여기 앉은 이들과 내 백성의 장로들 앞에서 그것을 사라고 네게 말하여 알게 하려 하였노라 만일 네가 무르려면 무르려니와 만일 네가 무르지 아니하려거든 내게 고하여 알게 하라 네 다음은 나요 그 외에는 무를 자가 없느니라 하니 그가 이르되 내가 무르리라 하는지라

보아스가 성문에서 친족 아무개를 기다린 것은 그가 어떻게 반응할지 알고 있었기 때문입니다. 보아스는 당연히 친족이요, 엘리멜렉의 두 기업 무를 자이기에 누구보다 아무개를 잘 알고 있습니다.

아무개가 "내가 무르리라"고 대답한 것은 엘리멜렉의 남은 소유지를 헐값에 살 수 있다고 생각했기 때문입니다. 다시 말하면 엘리멜렉의 소유지를 대신 구매하면 자신에게 유익이 될 것이라고 생각했기 때문에 선뜻 "예"라고 대답한 것입니다.

아무개는 고엘 제도의 본 의미를 모르고 있습니다. 아니 알고 있다고 해도 자신의 유익을 위해 모른 척하고 있습니다. 고엘 제도란 다음과 같습니다.

1. 파산해서 종살이하는 친척을 구속한다(레 25:47-48).

2. 친족의 잃은 재산을 구입한다(레 25:25).

3. 친족의 재산이 이방인에게 넘어갈 위험이 있을 때 대신 구입한다(레 25:32)

4. 친족이 피를 흘릴 때 대신 보복한다(민 35:19)

 똑똑한 아무개 vs. 어리석은 보아스(룻 4:1-10)

고엘 제도는 고엘을 행하는 사람의 유익을 위한 것이 아닙니다. 고엘을 행하는 사람은 항상 손해 보게 되어 있습니다. 하지만 아무개는 자신의 유익을 계산하여 고엘을 이행하고자 합니다. 보아스는 아무개를 향해 고엘이 무엇인지 정확하게 짚어 줍니다.

—— 룻 4:5

보아스가 이르되 네가 나오미의 손에서 그 밭을 사는 날에 ① 곧 죽은 자의 아내 모압 여인 룻에게서 사서 ② 그 죽은 자의 기업을 그의 이름으로 세워야 할지니라 하니

기업 무른다는 의미는 땅을 대신 사는 것일 뿐만 아니라 엘리멜렉의 가문에 대한 책임까지 지는 것임을 말하고 있습니다. 그 책임은 룻과 결혼하는 것이며, 그녀를 통해 엘리멜렉의 끊어진 가문을 다시 세우고 나중에 자신이 산 재산을 결국 다 물려주는 것까지를 말하고 있습니다. 만약 아무개가 고엘을 이행한다면 자신에게 유

익이 되는 것은 아무것도 없습니다. 세상의 관점에서 보면 철저히 손해입니다. 자기 돈으로 땅을 산 뒤에 나중에 다시 돌려주어야 하는 것입니다. 보아스의 설명을 들은 아무개의 반응입니다.

그 기업 무를 자가 이르되 나는 내 기업에 손해가 있을까 하여 나를 위하여 무르지 못하노니 내가 무를 것을 네가 무르라 나는 무르지 못하겠노라 하는지라

머리가 비상합니다. 다른 부분에 대하여는 모르겠지만 주판을 튕기는 일만큼은 재빠릅니다. 아무개는 고엘 제도를 이행하는 것이 손해라는 사실을 비로소 알게 되었습니다. 그래서 "나를 위하여 무르지 못하노니"라고 대답합니다. 손해 보지 않겠다는 말입니다. 하나님의 법보다, 내 친족의 아픔보다 현재 자신의 이익을 더 중요시 여기겠다는 것입니다. 철저히 계산적이고 이해타산적입니다.

세상과 자신에 대해 가장 현명하고도 똑똑한 사람이 아무개입니다. 철저히 자기중심적입니다. 모든 것을 세상의 원리와 기준으로 바라보고 판단합니다. 이런 사람은 하나님 나라에 합당하지 않습니다. 그래서 성경의 저자는 그를 이름이 있지만 '아무개'라고 표현하고 있습니다. 가치 없는 인생을 살고 있기 때문에 아무개로 표현한 것입니다.

—— 눅 14:25-27

25 수많은 무리가 함께 갈새 예수께서 돌이키사 이르시되 26 무릇 내게 오는 자가 자기 부모와 처자와 형제와 자매와 더욱이 자기 목숨까지 미워하지 아니하면 능히 내 제자가 되지 못하고 27 누구든지 자기 십자가를 지고 나를 따르지 않는 자도 능히 내 제자가 되지 못하리라

어리석은 하늘의 사람 보아스

9 보아스가 장로들과 모든 백성에게 이르되 내가 엘리멜렉과 기룐과 말룐에게 있던 모든 것을 나오미의 손에서 산 일에 너희가 오늘 증인이 되었고 10 또 말룐의 아내 모압 여인 룻을 사서 나의 아내로 맞이하고 그 죽은 자의 기업을 그의 이름으로 세워 그의 이름이 그의 형제 중과 그곳 성문에서 끊어지지 아니하게 함에 너희가 오늘 증인이 되었느니라 하니

세상에서는 어리석지만 하나님 나라에선 지혜로운 자가 있습니다. 보아스가 바로 그런 사람입니다. 보아스는 아무게에게 이런저런 손해를 보게 될 것이라고 자신의 입으로 설명해 놓고는 스스로 그 손해를 감수하기로 합니다. 한마디로 어리석은 사람입니다.

보아스는 고엘이 무엇인지, 기업 무를 자의 책임이 무엇인지 정확히 알고 있습니다. 그럼에도 손해 보기로

작정했습니다. 어리석은 바보가 되기로 결심했습니다. 하나님 나라에는 아무개와 같은 계산 빠른 똑똑한 회계사가 필요한 것이 아닙니다. 보아스와 같이 어리석은 바보 투자가가 필요합니다.

보아스는 룻이 자기를 희생하며 자신의 발아래에 들어왔을 때 어리석은 바보가 되기로 마음먹었습니다. 이방 여인이 가문을 위해 자신을 던졌습니다. 하나님의 법이 무엇인지도 제대로 알지 못하면서 덮어 줄 은혜를 향해 자신을 희생시켰습니다. 룻은 시어머니를 따라오기로 작정한 그날부터 이미 어리석은 바보가 되었습니다. 철저히 이익을 계산하였다면 모압에서 유다 베들레헴으로 올 수 없습니다. 이방 여인이 자신을 희생하여 가문을 살리고자 하는 그것이 진정한 고엘임을 보아스는 보았습니다. 그래서 룻을 향해 기업 무를 자의 책임을 이행하고자 한 것입니다.

보아스는 다시 자신의 입으로 어떤 어리석은 결단을 하였는지 밝힙니다.

"나오미의 손에서 팔려고 하는 재산을 다시 살 것이요."

"룻을 아내로 맞이하여 엘리멜렉의 가문을 이을 것이요."

"죽은 자의 기업을 세울 것이요(후에 다시 모든 재산을 돌려줄 것임을 말하고 있음)."

보아스는 자신이 꼭 지키겠다는 의미로 장로들을 증인으로 세웁니다. 스스로 족쇄를 채우고 있습니다. 정말 어리석은 자입니다. 그러나 하나님의 법(헤세드, 은혜)을 준행하는 사람입니다. 가장 바보스럽고 어리석은 자가 하나님의 은혜를 가장 잘 이해하고 있습니다. 어리석고 손해 보는 일임을 알고도 하나님의 헤세드를 실천하는 사람이 진정 기업 무를 자입니다.

—— **롬 5:6-8**

6 우리가 아직 연약할 때에 기약대로 그리스도께서 경건하지 않은 자를 위하여 죽으셨도다 7 의인을 위하여 죽는 자가 쉽지 않고 선인을 위하여 용감히 죽는 자가 혹 있거니와 8 우리가 아직 죄인 되었을 때에 그리스도

 똑똑한 아무개 vs. 어리석은 보아스(룻 4:1-10)

께서 우리를 위하여 죽으심으로 하나님께서 우리에 대
한 자기의 사랑을 확증하셨느니라

하나님은 가장 어리석은 바보이십니다. 철저히 우
리를 위해 고엘을 이행하기로 결정하셨습니다. 하나님
의 어리석음으로 우리가 하나님의 자녀가 되었습니다.

묵상하기

'신앙 안에서 스스로 바보가 된 어리석은 사람'이란 어떤 사람입니까?

고엘 제도에 대한 진정한 의미는 무엇일까요? 하나님이 고엘 제도를 만드신 이유와 유익에 대해 그 시대 상황에 맞추어 생각해 봅시다.

똑똑한 아무개 vs. 어리석은 보아스(룻 4:1-10)

14

통곡이 끝나고 비로소 웃다

룻 4:11-17

지금까지 나오미의 인생을 한마디로 표현한다면 '마라'입니다. 유다 베들레헴를 떠나는 순간부터 4장에 이르기까지 쓰디쓴 인생 여정을 걸어왔습니다. 나오미 자신도 고향 사람들에게 "나를 마라라 부르라"고 절규에 가까운 인정을 했습니다. 하지만 끝나지 않을 것 같은 마라의 삶도 이제 종식을 앞두고 있습니다. 보아스라는 한 인물을 통해 마라의 통곡이 기쁨으로 승화되었습니다. 이제 나오미는 더 이상 마라가 아닙니다. 이스라엘 온 백성의 부러움의 대상이요, 축복과 찬송의 사람이 되었습니다. 뿐만 아니라 그는 복의 통로가 되었습니다.

 통곡이 끝나고 비로소 웃다(룻 4:11-17)

나오미가 회복한 기쁨은 무엇인가?

과거 시점: 조상들의 복

—— **룻 4:11-12**

11 성문에 있는 모든 백성과 장로들이 이르되 우리가 증인이 되나니 여호와께서 네 집에 들어가는 여인으로 ① 이스라엘의 집을 세운 라헬과 레아 두 사람과 같게 하시고 ② 네가 에브랏에서 유력하고 베들레헴에서 유명하게 하시기를 원하며 12 여호와께서 이 젊은 여자로 말미암아 네게 상속자를 주사 네 집이 다말이 유다에게 낳아 준 ③ 베레스의 집과 같게 하시기를 원하노라 하니라

보아스는 룻과 나오미, 즉 엘리멜렉의 가문을 위해 기업 무를 자의 책임을 다하기로 다짐합니다. 보아스의 이런 행위는 약한 자와 소외된 자를 향한 하나님 아버지의 마음이며 또한 아버지의 마음에 합하는 율법의 준행이었습니다. 자기를 희생시키는 십자가의 길이기도 했

습니다. 이런 보아스를 향해 백성들과 장로들은 세 가지의 축복을 선언합니다.

1) 라헬과 레아의 복

장로들은 라헬과 레아와 같이 룻이 보아스의 집을 세우길 축복합니다. 라헬과 레아는 야곱의 두 아내이면서 이스라엘 열두 지파의 어미입니다. 라헬과 레아를 통해 이스라엘이 시작되었다고 해도 과언이 아닙니다. 장로들은 룻이라는 이방 여인을 통해 앞으로 새로운 이스라엘이 시작되길 축복하고 있습니다. 결과적으로 이 복은 예수 그리스도를 통해 성취되었습니다.

2) 유력과 유명의 복

보아스는 베들레헴의 유력한 자입니다. 백성들과 장로들에게 이미 인정받고 있는 유명한 사람입니다. 물질적인 면에서나 인격적인 면에서 손색이 없는 인물입니다. 이런 보아스를 향해 장로들은 유력과 유명의 복을 또 빌고 있습니다. 장로들이 구하는 것은 보아스의 미래

 통곡이 끝나고 비로소 웃다(룻 4:11-17)

에 대한 복입니다. 또한 현세적인 복과 다른 새로운 복
입니다.

—— 삼상 17:12

다윗은 유다 베들레헴 에브랏 사람 이새라 하는 사람
의 아들이었는데 이새는 사울 당시 사람 중에 나이가
많아 늙은 사람으로서 여덟 아들이 있는 중

보아스와 룻에게서 나온 다윗이라는 인물을 본다면
그들에게 주어진 복은 일반적인 복이 아닙니다. 단순한
유력과 유명의 차원을 뛰어넘는 복입니다. 무엇과도 비
교할 수 없는 복 중의 복입니다. 더 미래인 예수 그리스
도까지 본다면 구원의 복이요, 생명의 복이며, 이스라엘
과 온 우주의 복을 그들이 부여 받았습니다.

3) 베레스(터지다, 헤치고 나오다, 깨뜨리다, 증가시키다)의 복

베레스는 유다와 며느리 다말 사이에서 태어났습니
다. 수혼(嫂婚)관계에 의한 것입니다. 보아스와 룻의 관계

또한 일종의 수혼의 발전된 형태입니다.

첫째 아들에 이어 둘째 아들마저 죽자 겁이 난 유다는 다말을 친정으로 보내 버렸습니다. 더 이상 다말로 인해 대를 이을 생각이 없었습니다. 그러자 다말이 부끄러움과 수치를 무릅쓰고 시아버지와 관계해 기업을 물렸고 그 결과로 베레스가 태어났습니다. 베레스(פֶרֶץ ← פֶרֶץ 파라츠; 헤치고 나오다)의 뜻은 '헤치고 나오다, 깨뜨리고 나오다, 증가시키다, 번영시키다'라는 뜻입니다.

다말처럼 나오미와 룻의 과거는 참혹하기 짝이 없습니다. 희망이라는 단어가 무색할 정도입니다. 그러나 자기희생과 보아스의 무조건적인 사랑, 희생으로 나오미와 룻에게서 어두움을 깨는 빛이 나올 수 있었습니다. 이들은 이제 축복의 조상이 되었습니다. 라헬과 레아, 베레스의 조상의 복을 계승하는 인물이 된 것입니다.

성도도 마찬가지입니다. 예수를 만난 사람은 예수 그리스도를 만나기 이전의 삶이 재해석됩니다. 과거는 마라였으나 이제 축복의 통로가 됩니다. 후대를 위한 축복의 조상으로 여겨지게 됩니다.

　　　　　통곡이 끝나고 비로소 웃다(룻 4:11-17)

—— 창 50:20

당신들은 나를 해하려 하였으나 하나님은 그것을 선으로 바꾸사 오늘과 같이 많은 백성의 생명을 구원하게 하시려 하셨나니

현재 시점: 회복의 복

—— 룻 4:14-15

14 여인들이 나오미에게 이르되 찬송할지로다 여호와께서 오늘 네게 기업 무를 자가 없게 하지 아니하셨도다 이 아이의 이름이 이스라엘 중에 유명하게 되기를 원하노라 15 이는 네 생명의 회복자이며 네 노년의 봉양자라 곧 너를 사랑하며 일곱 아들보다 귀한 네 며느리가 낳은 자로다 하니라

보아스와 룻이 결혼했습니다. 그리고 빠른 시간 안에 임신하여 아기가 태어났습니다.

보아스와 룻의 관계는 일반적이지 않습니다. 두 젊은 연인이 만나 결혼한 것이 아닙니다. 둘은 나이 차가 많이 납니다. 그리고 룻은 과거 남편과의 사이에서 자녀를 갖지 못했습니다.

── 룻 1:4-5

4 그들은 모압 여자 중에서 그들의 아내를 맞이하였는데 하나의 이름은 오르바요 하나의 이름은 룻이더라 그들이 거기에 거주한 지 십 년쯤에 5 말론과 기룐 두 사람이 다 죽고 그 여인은 두 아들과 남편의 뒤에 남았더라

누구에게 문제가 있었는지 정확하게 밝히고 있지 않지만, 룻은 10년 동안 임신하지 못했습니다. 그런 룻이 결혼과 동시에(?) 아기를 임신했습니다. 이는 하나님이 베푸신 특별한 은혜입니다. 회복의 은혜입니다. 태의 문을 여셨을 뿐 아니라 인생을 회복시켜 주셨습니다.

분명 룻이 임신하고 아기를 낳았는데 이스라엘 여인들은 누굴 향해 축하의 노래를 부르고 있습니까? 나

   통곡이 끝나고 비로소 웃다(룻 4:11-17)

오미를 향해 부르고 있습니다. 룻기의 주인공은 나오미이기 때문입니다. 이방 여인 룻의 회복도 중요하지만 인생의 모든 소망과 기쁨을 잃어버린 나오미(사사시대에 왕이 없이 자기의 소견대로 사는 이스라엘의 모습)의 인생역전이 더 큰 관심사입니다. 나오미의 회복을 통해 하나님은 이스라엘 전체의 회복을 보여 주고자 하십니다. 하나님의 헤세드의 대변자, 은혜를 베푸는 보아스로 인해 하나님은 나오미를 회복하셨습니다.

나오미는 죽은 자의 아내요 어미였습니다. 기쁨을 상실한 인생이었습니다.

—— 룻 1:3-5

3 나오미의 남편 엘리멜렉이 죽고 나오미와 그의 두 아들이 남았으며 4 그들은 모압 여자 중에서 그들의 아내를 맞이하였는데 하나의 이름은 오르바요 하나의 이름은 룻이더라 그들이 거기에 거주한 지 십 년쯤에 5 말론과 기룐 두 사람이 다 죽고 그 여인은 두 아들과 남편의 뒤에 남았더라

그러나 이제는 산 자의 어미가 되었습니다.

"이는 네 생명의 회복자이며 네 노년의 봉양자라"(룻 4:15)

가슴에 묻어 두었던 슬픔이, 아픔과 상처가 손자로
인해 치유되고 회복되었습니다.

하나님의 은혜가 부어지면 과거뿐만 아니라 현재에
서도 놀라운 변화가 일어납니다. 회복의 역사가 진행됩
니다. 마라의 쓴 물이 단물로 변화됩니다. 찬양과 감사
가 터져 나오게 됩니다. 성도의 모습이 이렇습니다.

—— 눅 7:11-15

11 그 후에 예수께서 나인이란 성으로 가실새 제자와
많은 무리가 동행하더니 12 성문에 가까이 이르실 때
에 사람들이 한 죽은 자를 메고 나오니 이는 한 어머니
의 독자요 그의 어머니는 과부라 그 성의 많은 사람도
그와 함께 나오거늘 13 주께서 과부를 보시고 불쌍히
여기사 울지 말라 하시고 14 가까이 가서 그 관에 손을

        통곡이 끝나고 비로소 웃다(룻 4:11-17)

대시니 멘 자들이 서는지라 예수께서 이르시되 청년아
내가 네게 말하노니 일어나라 하시매 15 죽었던 자가
일어나 앉고 말도 하거늘 예수께서 그를 어머니에게
주시니

미래 시점: 구원의 복

그의 이웃 여인들이 그에게 이름을 지어 주되 나오미
에게 아들이 태어났다 하여 그의 이름을 오벳이라 하
였는데 그는 다윗의 아버지인 이새의 아버지였더라

룻이 임신하여 아들을 낳았습니다. 아들의 이름을
오벳이라 했습니다. 그런데 재미있는 것은 분명 룻이 출
산하였는데 이스라엘 여인들이 이런 말을 합니다.
"나오미가 아들을 낳았다."
나오미가 아들을 낳았다는 말은 무너진 나오미의

211

가문이 회복되었다는 의미입니다.

19 이에 그 두 사람이 베들레헴까지 갔더라 베들레헴에 이를 때에 온 성읍이 그들로 말미암아 떠들며 이르기를 이이가 나오미냐 하는지라 20 나오미가 그들에게 이르되 나를 나오미라 부르지 말고 나를 마라라 부르라 이는 전능자가 나를 심히 괴롭게 하셨음이니라 21 내가 풍족하게 나갔더니 여호와께서 내게 비어(רֵיקָם 레캄; 빈, 헛된, 쓸모없는) 돌아오게 하셨느니라 여호와께서 나를 징벌하셨고 전능자가 나를 괴롭게 하셨거늘 너희가 어찌 나를 나오미라 부르느냐 하니라

유다 베들레헴을 떠나 모압으로 갔던 나오미가 며느리 룻과 함께 고향으로 돌아왔습니다. 형편없고 실패한 모습으로 돌아왔습니다. 이 모습을 목격한 여인들이 한두 마디씩 합니다.

"나오미가 왜 저렇게 되었지? 나오미 맞아?"

"이이가 나오미냐?"

반가운 표현이라기보다 놀라움의 표현이며 부정적인 표현입니다. 나오미 스스로 괴로운 인생이요, 빈(쓸모없는), 소망 없는 인생이라고 말했습니다.

쓸모없고, 가치 없고, 완전히 소망 없던 나오미가 이제 손자를 보게 되어 무너졌던 엘리멜렉의 계보를 잇게 되었습니다. 그러니 여인들은 나오미가 아들을 낳았다고 표현한 것입니다.

이웃 여인들이 아기에게 오벳이라는 이름을 지어 주었습니다. 분명 보아스와 룻, 나오미가 함께 오벳이라는 이름을 지었을 것입니다. 하지만 성경은 굳이 이웃 여인들이 이름을 지었다고 말하고 있습니다. 그것은 나오미의 회복 사건이 단순히 나오미 가문의 사건이 아니기 때문입니다. 베들레헴 전역이 오벳이라는 이름을 부를 때마다 나오미 가문의 회복 사건을 기억할 것입니다. 나오미의 회복은 소망 없는 인생이 기쁨의 인생이 될 수 있다는 것을 온 천하에 드러내는 전설이 될 것입니다.

나오미의 인생 여정이 누구의 이야기입니까? 이스

라엘의 이야기입니다. 그들의 이야기입니다. 보아스와 룻, 나오미의 이야기는 그들 자신의 인생 이야기입니다. 자신들이 회복되고 살아나는 이야기가 룻기입니다. 그래서 오벳이라는 이름은 부모에 의한 것이지만 이스라엘의 의한 것이기도 합니다. 이스라엘이 다시 회생하는 이야기이기에 오벳은 생명의 복이며, 구원의 복입니다. 우리가 살아나는 것이기에 구원의 이야기입니다.

—— 롬 10:13

누구든지 주의 이름을 부르는 자는 구원을 받으리라

 통곡이 끝나고 비로소 웃다(룻 4:11-17)

||||||||

롯과 보아스의 결혼으로 나오미가 회복한 것은 무엇일까요? 성경은 왜 룻의 결혼을 나오미의 회복이라고 말하고 있습니까?

|||||||||

성경이 '이웃 여인들이 오벳의 이름을 지었다'라고 한 이유는 무엇입니까?

15

새로운 출발

룻 4:17-22

≡　　　　　　　　룻기는 한 가정과 개인의 이야기로 시작했습니다. 그러나 그 마침은 개인을 넘어 민족의 이야기로 마무리되고 있습니다. 룻기의 저자는 한 가정의 이야기를 통해 이스라엘 민족에게 무엇인가 하고 싶은 이야기가 있었습니다.

유다 베들레헴, 하나님의 양식이 있는 떡집에 살고 있지만 이들은 하나님의 은혜로 살지 않고 자기 소견에 옳은 대로 살았습니다. 은혜의 시대가 아닌 여전히 사사 시대를 벗어나지 못하고 있습니다. 나오미의 가정사처럼 기근과 실패의 삶을 살고 있고, 희망의 땅에서 마라의 노래를 부르고 있습니다.

하나님이 나오미의 가정을 하나님의 은혜(헤세드)로 마라의 인생을 종결시키고 기쁨을 회복시키셨듯이 이들에게도 동일한 종결과 회복을 선포하십니다.

이것이 지금을 사는 그리스도인들의 새로운 출발이며 희망의 노래입니다.

희망의 출발, 오벳

그의 이웃 여인들이 그에게 이름을 지어 주되 나오미에게 아들이 태어났다 하여 그의 이름을 오벳(עוֹבֵד 오베드)이라 하였는데 그는 다윗의 아버지인 이새의 아버지였더라

보아스와 룻 사이에서 한 아들이 태어났습니다. 아이의 이름은 오벳(עוֹבֵד; 예배자)입니다. 오벳은 아바드(עָבַד; 섬기다, 예배하다)라는 단어에서 유래된 이름입니다. '섬기는 자, 예배자'라는 뜻입니다. 보아스와 룻, 나오미는 아들의 이름을 그냥 짓지 않았습니다. 과거 자신들의 잘못된 결정(모압행)에 대한 회개와 하나님이 나오미 가정에 행하신 기적에 대한 새로운 믿음의 결단으로 오벳이라는 이름을 지었습니다. '이제는 하나님을 섬기는 자로 살겠습니다. 오직 하나님만 예배하는 사람이 되겠습니다'라는 신앙의 결단이 내포된 이름이 오벳입니다.

보아스와 룻의 결혼은 당대 최고의 스캔들이었습니다. 결혼과 임신, 출산에 이르기까지 당시 사람들의 초미의 관심사였습니다.

── 룻 4:17

그의 이웃 여인들이 그에게 이름을 지어 주되 나오미에게 아들이 태어났다 하여 그의 이름을 오벳이라 하였는데

이름을 지어 주었다는 말은 그만큼 관심을 갖고 있었다는 뜻입니다. 또한 여인들의 입을 통해 오벳이라는 이름이 많이 회자되었다는 뜻입니다.

"보아스와 룻의 아들 이름이 오벳이래. '섬기는 자, 예배자'래."

베들레헴 여인들도 보아스와 룻, 특히 나오미가 왜 오벳이라는 이름을 지었는지 그 이유를 점점 알게 된 것입니다. 그리고 자신들 역시 하나님 앞에서 오벳이라는 아들을 낳아야 함을 깨닫게 되었습니다.

룻기의 저자는 그런 의도에서 17절 하반절에 오벳이 이새의 아버지요, 이새가 다윗의 아버지라고 밝히고 있습니다. 사사기를 종결하고, 다시 말하면 베들레헴의 사사시대를 종결하고 이제 하나님을 왕으로 모시는 시대로 옮겨 갈 것을 암시한 것입니다. 오벳은 이스라엘의 새로운 출발을 암시하고 있습니다.

룻기의 이와 같은 결말은 나오미와 다를 바 없는 우리가 하나님만 섬기는 사람이 되어야 함을 가르치고 있습니다. 어떤 경우에도 하나님만 예배하는 사람이 되어야 함을 가르치고 있습니다. 이와 같이 성도는 하나님만 온전히 섬기면 됩니다. 비록 지금 나오미와 같은 마라의 삶을 산다 할지라도 다시 오벳을 잉태한다면 그 사람은 새로운 출발을 할 수 있습니다.

—— 창 5:28-29

28 라멕은 백팔십이 세에 아들을 낳고 29 이름을 노아라 하여 이르되 여호와께서 땅을 저주하시므로 수고롭게 일하는 우리를 이 아들이 안위하리라 하였더라

노아는 '안식과 안위'라는 뜻을 가진 이름입니다. 그러나 하나님은 라멕의 아들 노아를 통해 땅을 심판하실 것을 미리 가르쳐 주셨습니다. '안위하다'는 '위로하다'는 뜻을 가진 동시에 '회개하게 하다'는 뜻을 가진 단어입니다. 일종의 워드 플레이(wordplay)입니다. 오벳을 통해 나오미는 물론 이스라엘이 하나님을 향한 새로운 신앙을 다짐했듯이, 하나님은 노아를 통해서도 그렇게 하셨습니다. 새로운 시작은 다시 하나님께로 나아갈 때 이루어집니다.

믿음의 출발: 약속의 계보

—— 룻 4:18-21

18 베레스의 계보는 이러하니라 베레스는 헤스론을 낳고 19 헤스론은 람을 낳았고 람은 암미나답을 낳았고 20 암미나답은 나손을 낳았고 나손은 살몬을 낳았고 21 살몬은 보아스를 낳았고 보아스는 오벳을 낳았고

룻기의 마지막은 오벳을 중심에 둔 족보를 나열하고 있습니다. 이 족보의 시작이 누구입니까? 베레스입니다. 유다와 며느리 다말 사이에서 태어난 아들입니다. 앞에서 설명했듯이 그들은 보아스와 룻의 관계와 비슷합니다. 그런데 비슷하기 때문에 베레스로부터 시작한 것은 아닙니다. 베레스가 족보의 처음에 오른 것은 유다에 대한 야곱의 축복 때문입니다.

—— 창 49:10

규가 유다를 떠나지 아니하며 통치자의 지팡이가 그 발 사이에서 떠나지 아니하기를 실로가 오시기까지 이르리니 그에게 모든 백성이 복종하리로다

유다로부터 통치자가 나올 것이며, 실로(다윗, 예수 그리스도)가 오시기까지 통치자의 축복이 끊어지지 않겠다고 말씀하고 있습니다.

이것은 야곱의 입술을 빌린 유다 가문에 대한 하나님의 축복이며 약속입니다. 그러므로 족보의 시작이 베

 새로운 출발(룻 4:17-22)

레스인 것은 하나님의 약속이 회복되고 있음을 의미합니다.

말씀이 희귀하고 하나님을 알고자 하지 않는 시대, 그래서 하나님의 약속이 유보된 것 같은 시대에 보아스의 아들 오벳을 기점으로 하나님의 약속이 회복되고 있습니다.

베레스에서 오벳으로 이어지는 족보는 하나님의 약속은 사라지지 않고 역사 속에서 계속됨을 보여 줍니다. 괴거 이스라엘 백성들은 영적인 눈이 가려져 잘 보지 못했지만, 하나님이 나오미의 가정을 통해 그 눈을 뜨게 하셨습니다.

이스라엘은 하나님을 버리고 가나안의 신들을 섬기며 자신들이 원하는 대로 살았지만 하나님은 여전히 역사의 주인으로서 약속을 준행하고 계셨습니다.

—— 렘 25:11-13

11 이 모든 땅이 폐허가 되어 놀랄 일이 될 것이며 이 민족들은 칠십 년 동안 바벨론의 왕을 섬기리라 12 여

호와의 말씀이니라 칠십 년이 끝나면 내가 바벨론의
왕과 그의 나라와 갈대아인의 땅을 그 죄악으로 말미
암아 벌하여 영원히 폐허가 되게 하되 13 내가 그 땅을
향하여 선언한 바 곧 예레미야가 모든 민족을 향하여
예언하고 이 책에 기록한 나의 모든 말을 그 땅에 임하
게 하리라

하나님의 약속은 여전히 유효합니다. 실효된 것처
럼 보일 때도 있지만 하나님은 언제나 유효하다고 말씀
하십니다.

우리는 잘 깨닫지 못하지만, 하나님은 지금도 역사
하셔서 하나님의 계획대로 우리를 인도하십니다. 그리
고 하나님의 목표점까지 반드시 이끄실 것입니다.

 새로운 출발(룻 4:17-22)

── 룻 4:21-22

21 살몬은 보아스를 낳았고 보아스는 오벳을 낳았고

22 오벳은 이새를 낳고 이새는 다윗을 낳았더라

룻기는 이렇게 시작했습니다.

룻 1:1

사사들이 치리하던 때에 그 땅에 흉년이 드니라 유다 베들레헴에 한 사람이 그의 아내와 두 아들을 데리고 모압 지방에 가서 거류하였는데

룻기의 전체적 배경은 사사시대입니다. 룻기의 저자가 굳이 사사시대를 언급한 것은 연대를 알려 주기 위해서가 아니라 당시 신앙적 배경을 알려 주기 위해서입니다. 이 신앙을 대표하는 가정이 바로 엘리멜렉의 가정입니다. 사사시대의 신앙 상태를 가장 잘 설명할 수 있

는 보통 사람의 이야기가 바로 나오미 가정입니다.

그런데 룻기의 끝이 어떻게 기록되고 있습니까?

"이새는 다윗을 낳았더라"(룻 4:22)

보아스와 룻의 사이에서 오벳이 태어나는 것으로 나오미의 가정사는 끝이 납니다. 그러나 사사시대는 아직 끝나지 않았습니다. 만약 오벳으로 룻기가 종결되었다면 그들의 신앙은 사사시대로 막을 내렸을 것입니다. 룻기의 저자는 왕이 없어 자기의 소견대로 사는 사사시대를 넘어 하나님 앞에 신앙인으로 바로 서는 신정시대를 열고자 했습니다.

다윗이 등장하는 것은 왕정시대를 예고하는 것이 아닙니다. 다윗은 왕정시대를 연 사람이 아니라 신정시대를 연 사람입니다. 비록 왕이었지만 하나님이 진정한 왕임을 고백하며 살았던 사람이 바로 다윗입니다.

룻기의 핵심 주제는 절망에서 희망으로 회복되는 것이며, 사사시대에서 신정시대를 여는 것입니다. 개인

    새로운 출발(룻 4:17-22)

의 소망을 다시 찾는 것도 중요하지만, 하나님의 간절한 바람은 그의 백성이 하나님을 다시금 간절히 찾아 절망에서 희망으로 회복되는 것입니다. '나'의 시대에서 '하나님'의 시대를 살아가길 간절히 바라고 계십니다.

—— 시 144:15

여호와를 자기 하나님으로 삼는 백성은 복이 있도다

묵상하기

||||||||

왜 하나님은 이방 여인인 룻을 통하여 모든 기쁨을 회복시키셨을지에 대해 생각해 봅시다.

|||||||||

'나'의 시대에서 '하나님'의 시대를 사는 것의 의미는 무엇입니까?